AF317392

HOTELS

AMIENS

Hôtel du Rhin, 4, *rue de Noyon*, Tél. 44.
Belfort-Hôtel, 42, *rue de Noyon*. Tél. 649.
Hôtel de l'Univers, 2, *rue de Noyon*. Tél. 2.51.
Hôtel de la Paix, 15, *rue Duméril*. Tél. 9.21.
Hôtel de l'Ecu de France, 51, *place René-Goblet*. Tél. 3.37.

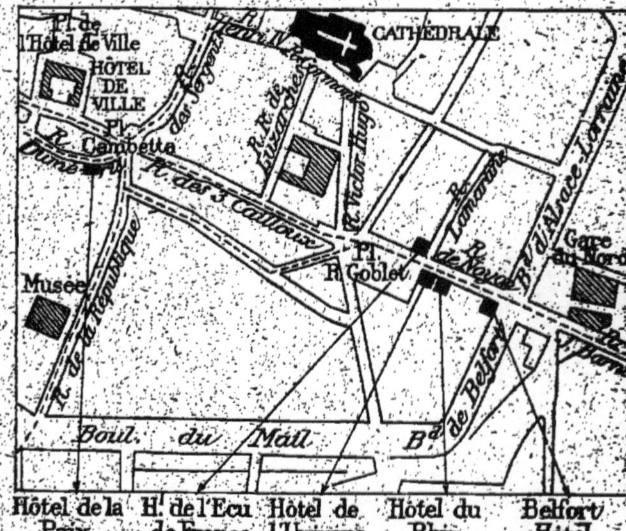

Hôtel de la Paix   H. de l'Ecu de France   Hôtel de l'Univers   Hôtel du Rhin   Belfort Hôtel

COMPIÈGNE

Hôtel du Rond-Royal, *à l'entrée de la Forêt*. ⌁ Rond-Royal. Tél. 4.15.
Palace-Hôtel, *place du Palais (à l'entrée du Parc)*. ⌁ Palace. Tél. 1.15.
Hôtel de la Cloche, 27, *place de l'Hôtel de Ville*. Tél. 0.85.
Hôtel de Flandre, 2, *rue d'Amiens*. Tél. 36.

LA MEILLEURE ROUE AMOVIBLE :

La Roue Michelin

est simple et pratique ;
fixée par 6 boulons, on la remplace en 3 minutes.

Elle est robuste ;
elle a fait ses preuves sur les routes du front.

Elle est chic,
et complète la ligne des élégantes carrosseries.

Elle est économique,
car elle prolonge la vie du pneu en le refroidissant.

— *Elle est la moins chère* —

Les batailles

de

PICARDIE

Itinéraire :

AMIENS — MONTDIDIER — COMPIÈGNE

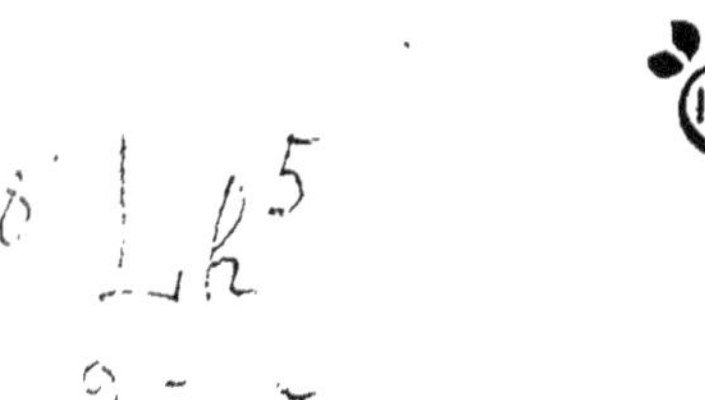

MICHELIN & Cᵗᵉ, PROPRIÉTAIRES-ÉDITEURS, CLERMONT-FERRAND

Le front avant
le 21 mars 1918.

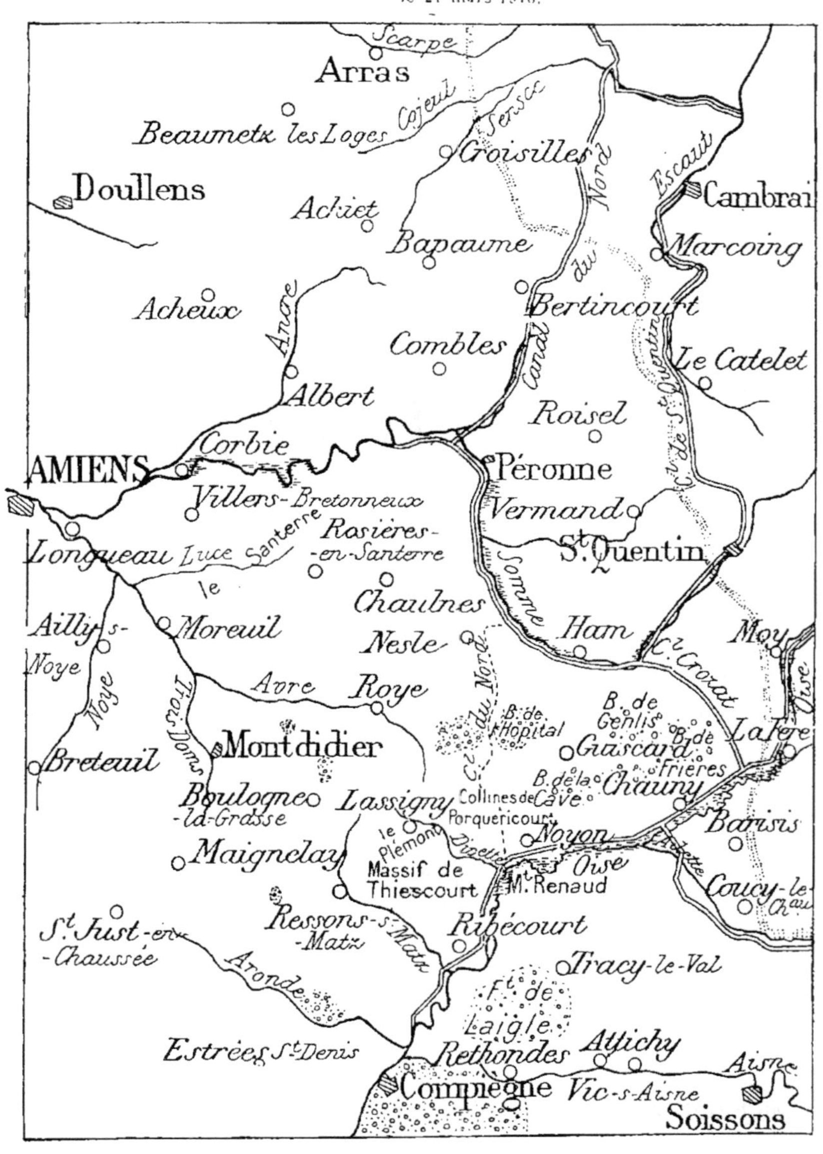

LE CHAMP DE BATAILLE

LES BATAILLES DE PICARDIE

A des périodes successives de la guerre, des événements importan's se sont déroulés dans les plaines de Picardie, dans la région qui s'étend entre Amiens et Saint-Quentin, Bapaume et Noyon, entre les vallées de l'Ancre, de l'Avre et de l'Oise.

L'offensive franco-britannique du 3ᵉ trimestre de 1916 et le repli allemand de mars 1917 sont étudiés dans le *Guide :* **Les batailles de la Somme.** Un itinéraire approprié permet au lecteur de parcourir l'étendue du champ de bataille de 1916.

Le présent Guide exposera les opérations qui se déroulèrent en Picardie, en mars-avril 1918 : *Offensive allemande ;* et en août 1918 : *Offensive franco-britannique ;* en un mot, le flux et le reflux des armées allemandes, en 1918, de Saint-Quentin à Montdidier.

LE CHAMP DE BATAILLE

Les Allemands, chassés des rives de la Somme par l'offensive franco-britannique de 1916, avaient dû reculer leur front en mars 1917 sous la menace de dangereuses offensives de flanc.

Ils s'étaient alors installés dans la ligne Hindenburg et, en 1917, sous les différentes attaques britanniques dans le secteur d'Arras et devant Cambrai, ils avaient, sans arrêt, multiplié leurs lignes fortifiées. Leur position redoutable s'allongeait à l'ouest de la route Cambrai-La Fère par Le Catelet et Saint-Quentin, utilisant une suite d'obstacles naturels dont les plus importants étaient l'Escaut, le canal de Saint-Quentin et la vallée marécageuse de l'Oise. (*Voir le Guide :* **La Ligne Hindenburg.**)

Mais, dès les premiers jours de 1918, l'Allemagne, débarrassée de la Russie, est décidée à l'offensive. L'organisation Hindenburg sera alors le tremplin d'où des armées puissantes bondiront à la conquête de la France.

En février 1918, les Britanniques s'étaient étendus devant le front de la position Hindenburg jusqu'à Barisis, village en face de la forêt de Saint-Gobain, au sud de l'Oise. Ils avaient poussé l'amélioration de 3 positions successives, très distantes l'une de l'autre. En outre, les lignes d'eaux : la vallée marécageuse de l'Oise, le canal Crozat, la boucle de la Somme et le canal du Nord constituaient des obstacles naturels.

La plaine picarde, aux larges et molles ondulations, parsemée de quelques boqueteaux, est fermée au sud, près de la vallée de l'Oise, par les collines boisées de Genlis, de Frières, de la Cave, puis à l'ouest du coude de l'Oise, par les collines de Porquéricourt, le massif boisé du Plémont, et son avancé au sud de Noyon : le mont Renaud. Enfin, plus à l'ouest, les coteaux de Boulogne-la-Grasse ne peuvent fermer la plaine du Santerre qui, entre les pentes du Plémont et Montdidier, communique largement avec la plaine de l'Ile de France. Les vallées encaissées et ombreuses de l'Avre, de la rivière des Trois Doms et de la Luce, coupent les plateaux du Santerre. Plus au nord, s'étend l'ancien champ de bataille de 1916, champ chaotique, désert, semé d'obstacles : lacis de tranchées, réseaux de fil de fer.

En dehors de cet ancien champ de bataille, dans la plaine picarde, étaient bâtis de nombreux villages agricoles aux maisons basses, groupées autour du clocher. Les grandes routes droites, plantées de beaux ormes ou d'arbres fruitiers, s'allongeaient à perte de vue. Pays aux riches cultures de céréales et de betteraves, qui était très prospère, et que la guerre a ravagé.

L'ENSEMBLE DES BATAILLES

L'offensive allemande : Formation de la

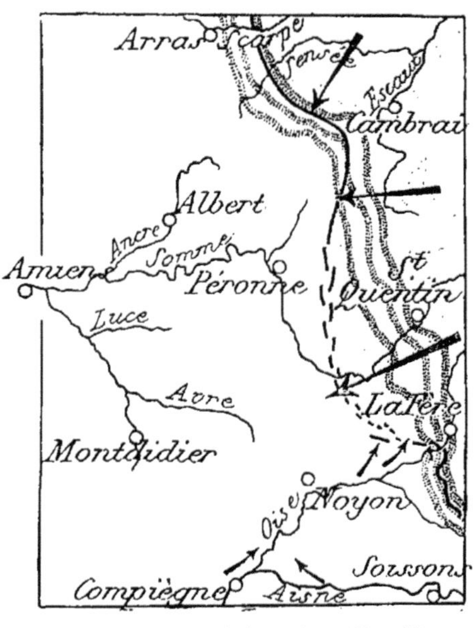

La rupture du front britannique (21 et 22 mars).

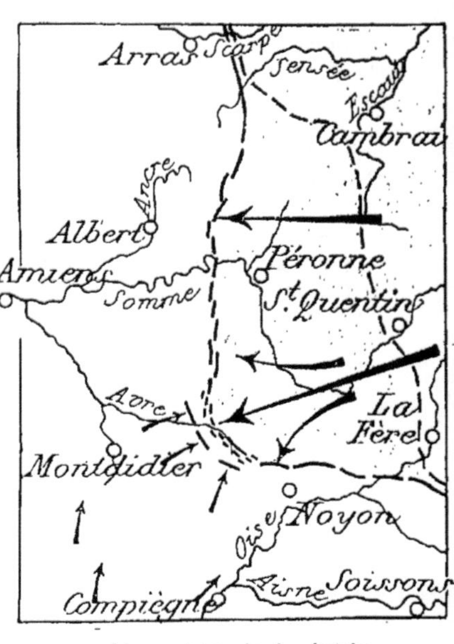

L'ouverture de la brèche.

L'offensive alliée : Réduction de la poche jusqu'au

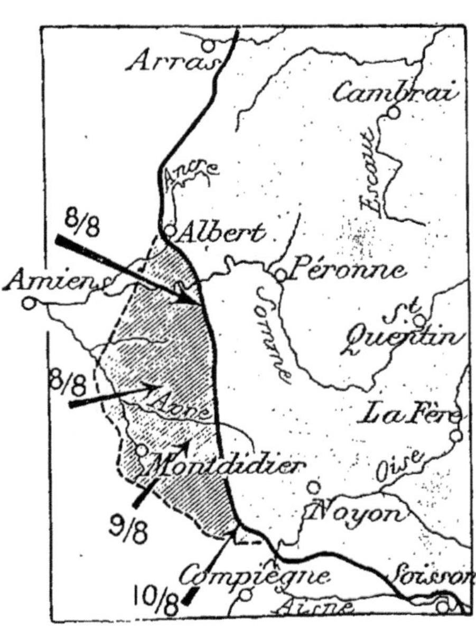

L'offensive du 8 au 12 août.
Libération de Montdidier.

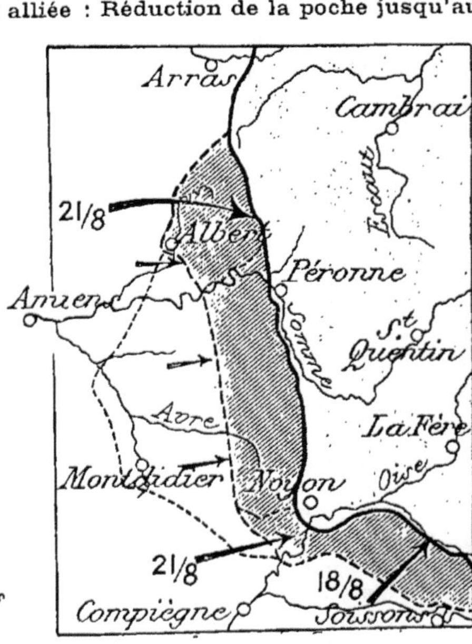

Les offensives conjuguées sur
Somme et Oise du 18 au 29 août.

: PICARDIE EN 1918.

che de Montdidier (21 mars-24 avril).

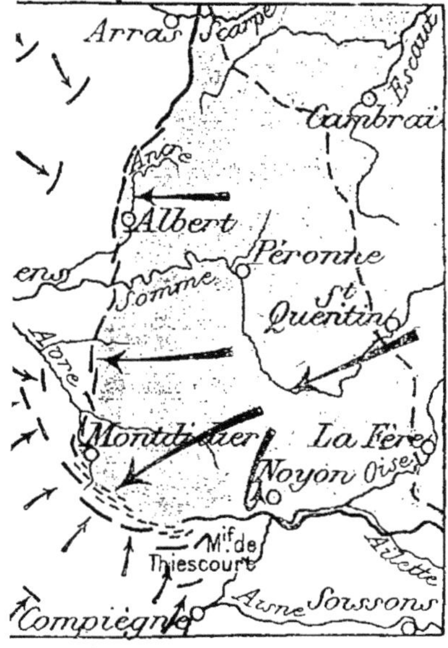

La prise de Montdidier (27 mars).

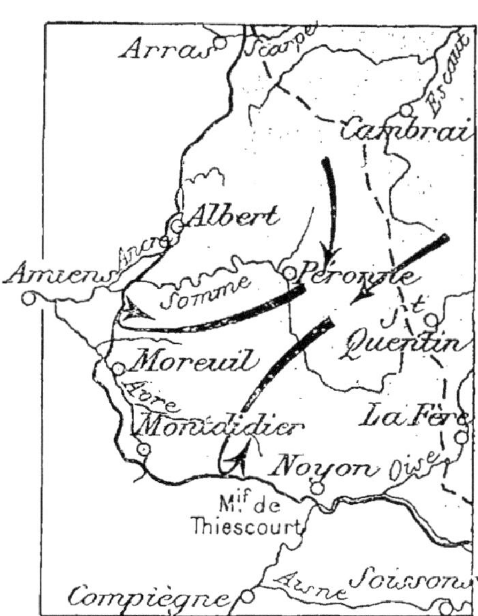

La stabilisation du nouveau front.

ntact de la ligne Hindenburg (8 août-25 septembre).

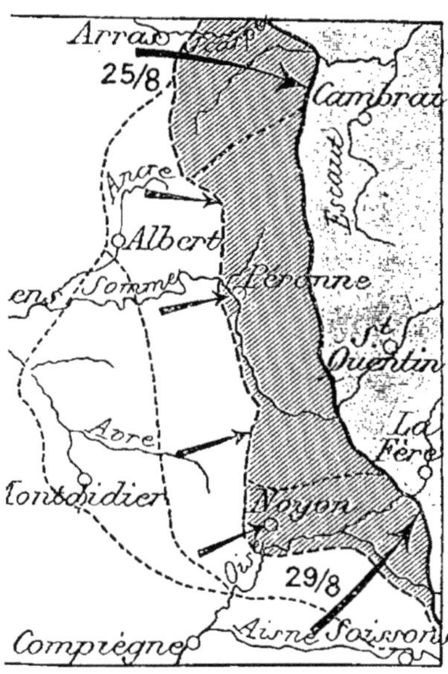

Les offensives conjuguées sur
rpe et Ailette du 25 août au 8 septembre.

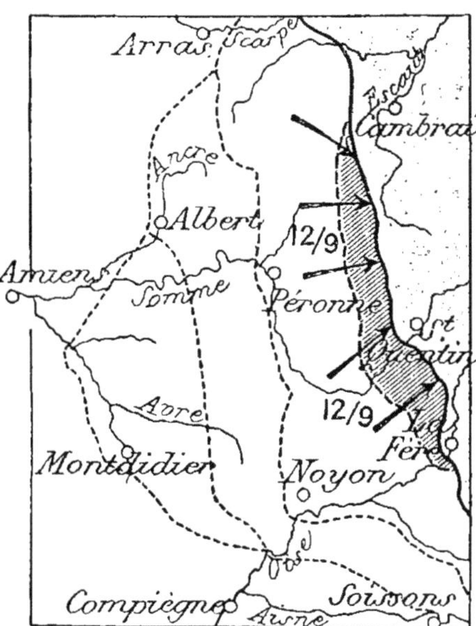

L'arrivée au contact de la ligne Hindenburg
(10-25 septembre).

GÉNÉRAL PÉTAIN.   MARÉCHAL DOUGLAS HAIG.

En mars 1918, les deux armées française et britannique, placées sous deux commandements distincts, vont affronter l'assaut d'une seule armée, supérieure en effectifs et en matériel, et commandée par un seul chef, Ludendorff.

L'OFFENSIVE ALLEMANDE DU 21 MARS

Les adversaires. — Forces matérielles, forces morales.

A la fin de l'année 1917, la Russie abandonnait les Alliés ; le 20 décembre, l'armistice russo-allemand était signé; le 9 février, c'était la paix de Brest-Litowsk. Dès novembre, l'Allemagne avait déjà commencé à transférer sur le front de France ses divisions de Russie. Elles arrivaient en Belgique, de plus en plus nombreuses ; 64 divisions augmentaient l'armée occidentale allemande, forte déjà de 141 divisions. C'était donc à un total de 205 divisions que les Alliés allaient pouvoir opposer seulement 177 divisions.

Les ressources matérielles accumulées sur le front russe étaient transportées sur le front occidental. L'artillerie allemande était renforcée sur l'ensemble du front. Dans un grand nombre de secteurs, les batteries lourdes étaient doublées.

A cette supériorité matérielle s'ajoutait, pour l'Allemagne, l'avantage

LUDENDORFF.

Gravure extraite du livre du général Buat : Ludendorff (Payot, éditeur).

LE GÉNÉRAL PÉTAIN AU MILIEU DES TROUPIERS.

d'une armée homogène commandée par une seule volonté : celle de Ludendorff, le maître de l'heure, chef militaire absolu et dictateur politique. Les Alliés étaient, certes, étroitement unis par les mêmes devoirs et par une cordiale amitié scellée sur le champ de bataille, mais leurs armées distinctes, juxtaposées, obéissaient à un commandement et à des états-majors respectifs ; elles avaient leurs réserves propres concentrées derrière leur propre front.

Le 3 février 1917, les Etats-Unis s'étaient mis aux côtés des Alliés ; l'effort américain allait se faire sentir, mais il ne pouvait être un sérieux appoint qu'à partir de l'été 1918. Pendant des mois, les Etats-Unis allaient fournir de gigantesques efforts pour constituer une formidable armée moderne. En mars 1918, quatre divisions américaines étaient en France. On ne pouvait prévoir l'arrivée d'un million d'hommes qu'à l'automne 1918, et les Allemands pensaient bien qu'ils en auraient alors fini avec les Alliés.

Au moment où allaient s'engager les batailles suprêmes, les forces morales des adversaires constituaient aussi un des facteurs dominants de la décision.

Pendant l'année 1917, après les offensives alliées du printemps, une vague de lassitude avait assombri le moral de certaines unités de l'armée française. Mais le général Pétain y avait porté remède. En mars 1918, jamais l'armée française n'avait eu un moral plus élevé ni mieux trempé.

Sous le commandement du maréchal Douglas Haig, l'armée britannique instruite, expérimentée, avait acquis les plus belles qualités combatives.

Les Allemands, fortement ébranlés en 1916 par l'échec de Verdun et l'offensive alliée de la Somme, avaient retrouvé, depuis la chute de la Russie, tout leur orgueil, toute leur morgue.

Mais le blocus économique des Alliés, malgré la campagne sous-marine, se resserrait chaque jour davantage autour de l'Allemagne affamée.

Chaque année, à chaque saison, malgré les nouvelles triomphales publiées et les annonces d'une paix prochaine, l'échéance de cette paix victorieuse, de cette paix libératrice, reculait. Il fallait à tout prix en finir. C'était « l'offensive désespérée ». Les Allemands jouaient leur va-tout.

Inférieurs matériellement, les Alliés avaient, en mars, la supériorité morale.

CHASSÉS PAR LA RUÉE ALLEMANDE.

Stratégie et tactique allemandes.

Pour toutes les offensives entreprises jusqu'alors et notamment pour celle de 1916 sur la Somme, l'artillerie procédait, avant le déclenchement de l'attaque, à la destruction des retranchements de l'adversaire.

La multiplicité des travaux de fortifications, leur importance toujours accrue, leur solidité sans cesse renforcée, rendaient ces préparations de plus en plus longues et intenses. L'éveil était ainsi donné à l'ennemi, qui pouvait prendre toutes dispositions utiles pour conjurer les effets de l'attaque et amener des renforts en ligne.

De plus, le pilonnage absolu du terrain rendait très pénible la progression des assaillants, qui rencontraient à chaque pas d'énormes trous d'obus et d'immenses entonnoirs.

Rompant avec les errements passés et adoptant, en la perfectionnant, la méthode inaugurée l'année précédente devant Riga, l'Etat-Major impérial attaque en mars 1918, par surprise. Il s'assure ainsi une supériorité numérique écrasante et rend vaine toute résistance de l'adversaire en plein désarroi jusqu'à l'arrivée de ses réserves ; il peut, pendant cette période de désorganisation complète, largement exploiter son succès initial.

C'est la méthode offensive « du coup de poing », subit, brutal, précédé d'une brève préparation d'artillerie à grande proportion d'obus fumigènes et toxiques qui vise moins à détruire les défenses qu'à annihiler les défenseurs.

A cet effet, il fallait masser le maximum de forces et les porter rapidement et secrètement sur un front jugé faible des lignes ennemies.

Le dispositif en demi-cercle du front favorisait la solution de ce problème ; les réserves allemandes groupées dans la région : Hirson-Mézières, centre du demi-cercle, pouvaient être jetées, avec la même rapidité, sur n'importe quel point du front, de la Flandre à la Champagne.

Ludendorff choisit le point de jonction des armées franco-britanniques. Séparer ces deux armées en rejetant les Britanniques à droite et les Français à gauche ; exploiter le premier succès en direction de la mer, de façon à isoler les Britanniques, à les acculer sur leurs bases maritimes, Calais-Dunkerque ; puis, les Britanniques éliminés, se retourner sur les Français qui, seuls et démoralisés, ne tarderaient pas à demander grâce : telle parut être la conception stratégique allemande de la *Kaiserschlacht* ou « Bataille de l'Empereur ».

Les forces en présence.

Le 21 mars, 3 armées allemandes attaquent sur un front de 90 kilomètres, de la Scarpe à l'Oise.

Au nord, la XVIIe Armée (von Below) et la IIe Armée (von Marwitz) attaquent de chaque côté du saillant de Cambrai. La masse principale de choc est la XVIIIe Armée (von Hutier), groupée du nord de Saint-Quentin à l'Oise.

En face de ces armées, de la Scarpe à Gouzeaucourt, est la droite de la 3e Armée britannique (Byng), et de Gouzeaucourt au sud de l'Oise, la 5e Armée (Gough).

Le maréchal Haig s'attendait à recevoir la plus puissante attaque ennemie entre la Sensée et la route Bapaume-Cambrai, c'est-à-dire contre la droite de l'armée Byng qui fut renforcée, tandis que devant l'Oise, au sud de Saint-Quentin, 4 divisions seulement tenaient le secteur où se groupait l'énorme armée Hutier.

Plus de 500.000 *feldgrauen* allaient assaillir les 160.000 soldats de Gough et de Byng, et dès le premier jour, des réserves considérables accroissaient à 64 le nombre des divisions d'assaut allemandes, nombre supérieur à celui des divisions britanniques en France.

Au total, 1.150.000 Allemands allaient être engagés dans ces assauts formidables.

Les nombreuses divisions ennemies, pendant cinq nuits avant l'attaque, s'étaient glissées vers le front britannique dans le plus grand secret. L'artillerie, précédant l'infanterie, s'était installée progressivement et avait réglé son tir sans révéler par une activité insolite l'accroissement du nombre des batteries.

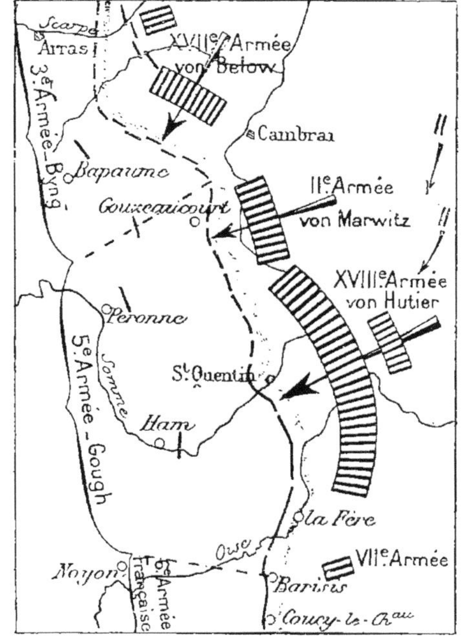

Les troupes destinées à l'offensive — les *Sturmdivisionen* — après avoir été pendant plusieurs semaines soumises à un entraînement spécial, s'acheminent vers leurs emplacements d'attaque par des marches de nuit ; le jour, elles se cachent dans des bois ou à l'intérieur des villages ; pendant la marche ou au cantonnement, tout éclairage, tout feu de bivouac est interdit : des avions, survolant les colonnes, veillent à la stricte observation des prescriptions ; les parcs à munitions, les équipages sont dissimulés dans les massifs forestiers ; jusqu'au dernier jour enfin, toutes les troupes, et la plupart des officiers, ignorent leur destination. La correspondance est suspendue.

« Enveloppées de ténèbres, les forces allemandes donnent le spectacle de la force et de l'astuce germaniques portées au maximum. » « C'est étrange, écrit dans son carnet de route un officier allemand, de penser à toutes les masses de troupes qui marchent ce soir vers l'ouest, par toutes les routes sur un large front. L'Allemagne en marche.

LA BATAILLE

Le 21 mars, l'énorme masse allemande va, en moins de 48 heures, devant Saint-Quentin, défoncer les 3 positions britanniques (c'est la phase d'enfoncement, *l'Einbruch*); puis la bataille au delà des positions fortifiées sera portée en rase campagne, l'enfoncement sera transformé en rupture *(Durchbruch)*.

Au coup de bélier puissant et soudain succédera le raz de marée, qui, d'abord submergeant toute résistance, sera peu à peu endigué et, après une semaine, viendra battre, sans le renverser, le barrage dressé par les défenseurs.

LE DÉFONCEMENT DU FRONT BRITANNIQUE

Le 21 mars, dès l'aube, à 4 h. 40, une violente canonnade éclate soudain et, pendant 5 heures, le *trômmelfeuer* s'intensifie.

GÉNÉRAL GOUGH.

Tout d'abord, un déluge d'obus, toxiques en grande proportion, s'abat sur les batteries britanniques, qu'il neutralise en partie, puis le bombardement bouleverse les premières positions et répand sur une large zone des nappes denses de fumées et de gaz actifs.

L'heure « Michel ».

A la faveur de la fumée et aussi des brouillards, à 9 h. ½ *(l'heure Michel)*, l'infanterie allemande traverse rapidement le *no man's land* et pénètre dans les défenses britanniques.

Chaque division d'attaque n'occupe pas un front supérieur à 2 kilomètres. Elle forme deux colonnes d'assaut d'un régiment chacune. Le troisième régiment est en réserve de secteur, prêt à exploiter les premiers avantages obtenus.

Les assaillants, fortement encadrés par des sous-officiers, avancent par vagues, épaule contre épaule, poing à poing, tandis que l'artillerie déclenche un barrage roulant, qui, tombant au départ à 300 mètres devant la première ligne, se déplace ensuite de 200 mètres toutes les cinq minutes.

GÉNÉRAL BYNG.

Les vagues marchent résolument droit devant elles, protégées d'abord par le barrage roulant, puis par l'artillerie et les minenwerfers d'accompagnement ; si elles rencontrent une résistance qu'elles ne peuvent vaincre, elles s'arrêtent devant cet obstacle ; elles sont dépassées par les vagues qui encadrent la résistance et qui la font tomber par débordement.

Les Allemands jettent de suite la plus grande masse possible d'infanterie dans les organisations adverses.

Dans les nappes de gaz, la fumée, le brouillard, les défenseurs britanniques des éléments avancés sont submergés, et bien souvent entourés, avant d'avoir pu se rendre compte de l'attaque ennemie.

Les mitrailleuses disposées pour balayer la première zone sont presque entièrement réduites à l'impuissance.

La journée du 21 mars.

Au premier jour de l'attaque, l'armée Byng, de Fontaine-les-Croisilles à Demicourt, résiste au choc sans être trop ébranlée. Les Allemands ne pénètrent que dans les premières lignes.

Au centre, devant Saint-Quentin, au sud, devant Moy, La Fère, l'armée Gough, en infériorité écrasante, et malgré le courage de ses unités, est rompue dès les premières heures de l'attaque.

En face du Catelet, dès midi, les « *Sturmdivisions* » en avançant de 6 à 8 kilomètres pénètrent dans les 2e positions, sur la ligne Epéhy-Le Verguier ; plus au sud, devant Moy, elles atteignent Essigny-Fargniers.

Le général Gough replie ses unités de droite derrière la ligne d'eau du canal Crozat et du canal de la Somme.

La journée du 22 mars.

Tergnier tombe, la ligne d'eau est tournée par la droite. Toujours dans le brouillard, les Allemands franchissent le canal Crozat. Leurs divisions fraîches poussent sans répit les unités britanniques, dont les pertes en hommes et en matériel sont déjà élevées.

Les réserves jetées dans la fournaise s'épuisent et aussitôt submergées ne peuvent s'accrocher aux troisièmes positions qui sont enlevées.

L'armée Byng est obligée de se reporter en arrière, en pivotant sur sa gauche, pour s'aligner sur l'armée Gough en retraite.

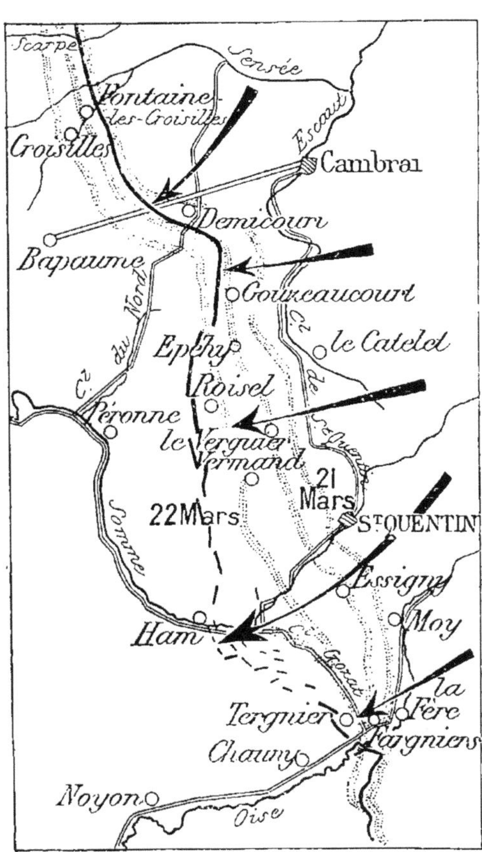

Le défoncement du front.
Journées des 21 et 22 mars.

L'invasion s'accroît sans cesse ; en 48 heures, plus de 60 divisions (750.000 hommes) sont lancées en avant. La bataille est portée en rase campagne.

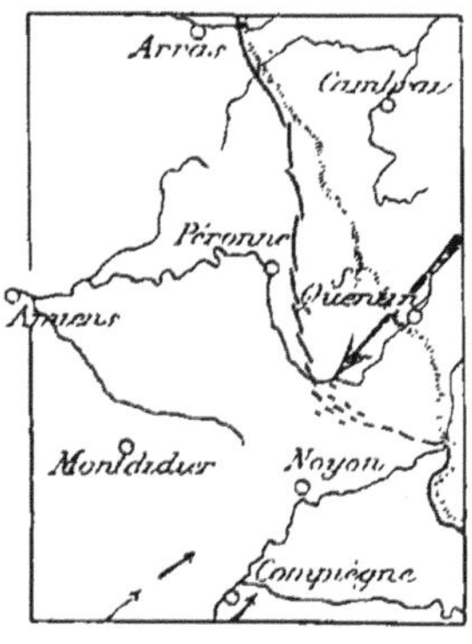

L'arrivée des premières
divisions françaises.
(22 mars.)

L'armée Humbert barre
la route de Paris.
(24 mars.)

L'armée Debeney bloque
l'ennemi à l'ouest.
(28 mars.)

LES PHASES DE L'INTERVENTION FRANÇAISE.

L'INTERVENTION FRANÇAISE

L'enfoncement de la droite et du centre de la 5e Armée britannique a eu pour effet, dès le 21 mars, d'ouvrir au nord de l'Oise une large brèche par laquelle les Allemands se précipitent simultanément vers l'ouest et vers le sud. L'heure est angoissante, le péril est extrême ; ayant rompu toute zone fortifiée, le flot envahisseur, sans cesse renouvelé, menace de tout submerger. Il faut intervenir vite, et retarder l'ennemi à tout prix.

Le général Pétain prend, dès le 21 au soir, les dispositions nécessaires pour soutenir la droite de l'armée britannique. Les divisions du 5e corps (9e et 10e) et la 1re division de cuirassiers à pied, mises en réserve dans la région de Compiègne sous le commandement du général Pellé, sont alertées : en même temps, un état-major de Groupe d'Armées (Fayolle) et un état-major d'Armée (Humbert) se préparent à prendre en main la direction de la bataille.

La 125e D. I. de la 6e Armée est poussée sur l'Oise.

D'autres divisions (22e, 62e, 1re D. C.) sont précipitées vers la ligne incertaine de la bataille. On en forme un groupement ; le général Robillot commandant le 2e corps de cavalerie, arrivé avec son état-major sur le champ de bataille avant ses divisions, prend le commandement du nouveau groupement.

Enlevées en camions, les premières divisions françaises précipitent leur approche, et sans attendre leurs canons, leurs attelages, se jettent en pleine bataille ; l'héroïsme supplée bien souvent au manque de matériel et de munitions.

LE GÉNÉRAL PELLÉ PASSANT EN REVUE
DES TROUPES DU 5e CORPS EN 1917.
Près de lui, le lieutenant-colonel Cuny qui
commandait le 31e à la prise de Vauquois.
(Voir le Guide : **L'Argonne.**)

LA BATAILLE DE RUPTURE

La zone fortifiée franchie, les armées allemandes poussent vers l'ouest, rapidement et résolument.

Dès le 23 mars, les divisions de cavalerie françaises s'engagent avec leurs groupes d'autos-mitrailleuses et leurs groupes cyclistes et par leur mobilité parent à bien des dangers. Les cavaliers galopent vers les brèches, mettent pied à terre et résistent jusqu'à l'arrivée d'éléments d'infanterie.

Les autos-mitrailleuses pénètrent audacieusement dans les lignes de l'ennemi, harcèlent sans cesse ses détachements. Elles ravitaillent les unités engagées. Elles assurent rapidement sous le feu les liaisons. Leur action glorieuse contribue grandement, avec celle des groupes cyclistes, au ralentissement de la poussée.

Les replis des unités britanniques sont couverts également par des détachements de cavalerie, d'artillerie à cheval, d'autos-mitrailleuses, et même de tanks, qui se jettent au-devant des assaillants.

L'aviation, elle-même, collabore puissamment à la tâche commune.

Le 22 au soir, le général Pétain donne l'ordre au colonel Duval commandant l'aviation de mettre sur l'Allemand toute l'aviation de bombardement disponible pour enrayer un mouvement auquel il est matériellement impossible d'opposer assez vite aucun renfort. Les escadrilles alertées rejoignent le point indiqué, certaines venant de 150 kilomètres. Elles déversent, en passant, leur chargement de bombes sur les Allemands qui franchissaient la Somme au nord de Ham et retardent ainsi la marche de deux divisions qui se préparaient à tourner l'armée britannique.

Le 23 à midi, 100 avions chargent ensemble au ras du sol et mettent dans les rangs allemands un désordre inexprimable. Des heures précieuses sont ainsi gagnées.

LES EFFETS D'UN BOMBARDEMENT PAR AVIONS.

Photo prise dans les Ardennes, en octobre 1918. Un train de munitions allemand, bombardé par des avions, a sauté. La voie est bouleversée, les échelons d'artillerie qui se ravitaillaient sont détruits. On voit leurs attelages tués, leurs caissons éventrés. On peut imaginer par là les ravages que dut faire l'aviation de bombardement, en Picardie, dans les rassemblements ennemis.

Franchissement de la ligne d'eau :
Canal Crozat, Somme, Tortille (23 et 24 mars).

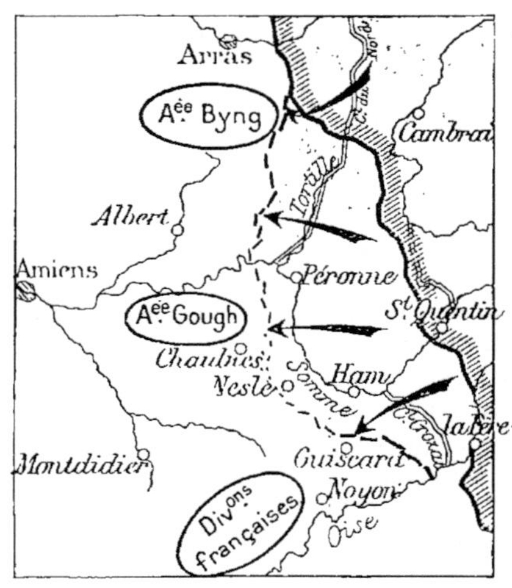

Tandis que l'armée Byng a résisté aux assauts ennemis, l'armée Gough est dissociée par la ruée de l'armée puissante de von Hutier.

Le 23 mars au matin, les unités des 3e et 18e corps britanniques (armée Gough) sont rejetées au delà du canal Crozat, parmi les divisions françaises qui interviennent dans la bataille entre la Somme et l'Oise. Ces corps resteront mélangés avec les troupes françaises.

Plus au nord, les divisions engagées étant réduites à de très faibles effectifs et ne pouvant être renforcées que dans un délai assez long, le général Gough décide d'abandonner la forte ligne de la Somme et de la Tortille et de continuer sa retraite vers l'ouest, sur ses réserves, dans l'ancien champ de bataille de 1916.

Ce même jour, les premiers éléments français se jettent entre le canal Crozat et les bois de Genlis et de Frières ; ils se lient à leur droite à la 125e division détachée de la gauche de la 6e Armée et établie à cheval sur l'Oise devant Viry (*croquis ci-dessous*).

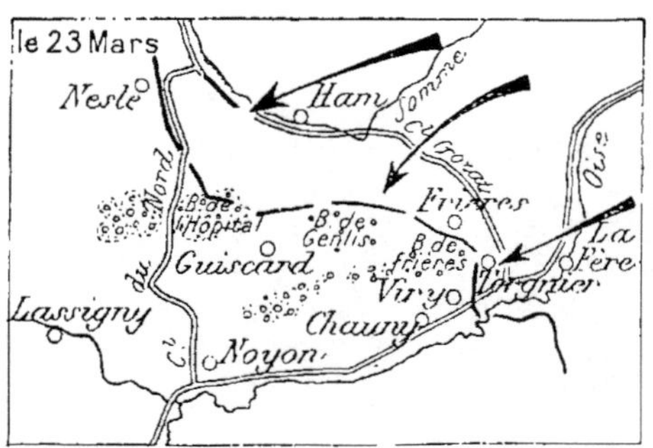

Les divisions françaises s'engagent de l'Oise à Nesle, en avant de Noyon que découvre la retraite britannique.

La 1re division de cuirassiers à pied (Brécart) se rue sur l'ennemi ; son héroïsme parvient à enrayer la poussée vers l'Oise. La 9e division (Gamelin) barre la route Ham-Noyon sur un front de 16 kilomètres ; à sa gauche, la 10e division (Valdant) tient la zone au nord de Guiscard.

Le 23 au soir, la situation est mauvaise. Les divisions Pellé ont retardé le flot devant la région Chauny-Noyon qu'elles couvrent. Mais l'ennemi tient Ham. Les Britanniques dans leur repli appuient sans cesse vers le nord-ouest.

La 1re division de cavalerie (Rascas) arrive, avec deux divisions, la 22e (Capdepont) et la 62e (Margot) ; ces renforts sont jetés entre Guiscard

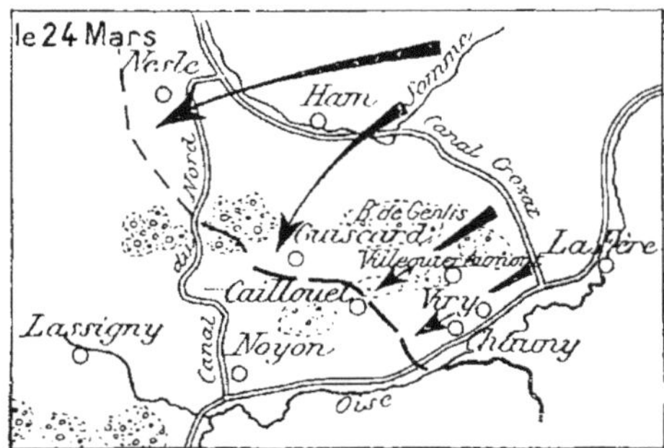

Les attaques allemandes convergent sur Noyon. Un trou se produit au nord de Nesle.

et Nesle, cherchant à droite la liaison avec la 10ᵉ division, à gauche avec les Britanniques.

Ce même jour, les « Berthas » ont commencé le bombardement de Paris où l'ennemi espère semer la panique.

Le 24 mars, la poussée devient plus formidable, elle s'accroît sans cesse par l'arrivée de nouvelles divisions allemandes qui s'engouffrent dans la brèche.

Favorisés par le brouillard qui couvre les vallées de l'Oise et de la Somme, leurs premiers éléments balaient la plaine de rafales continues de mitrailleuses et s'infiltrent, cherchant les vides ou les points faibles, dans la ligne française trop étirée.

Toutes les attaques convergent sur Noyon. A 9 heures, dans la vallée de l'Oise, Chauny est menacé par la prise de Viry-Noureuil; au centre, Villequier-Aumont et le bois de Genlis sont enlevés. Dans une grêle de balles, assaillis par un ennemi très supérieur, les cuirassiers, manquant de munitions, se replient sur la croupe de Caillouel. Les divisions de gauche s'établissent au sud de Guiscard. Dans cette lutte inégale, le moral des troupes reste quand même admirable.

A gauche du groupement Pellé, entre Nesle et Guiscard, la situation est encore plus tragique. Les Allemands ont franchi la Somme et accentuent leur poussée. Les unités

GÉNÉRAL HUMBERT.

des divisions britanniques, très amoindries, se replient toujours à l'ouest, un trou se produit au nord de Nesle. La 22ᵉ division se précipite vers Nesle, des escadrons de la 1ʳᵉ galopent à l'est de Chaulnes.

Le 24 mars, au sud de Péronne, la IIᵉ Armée allemande franchit, assez difficilement, la vallée marécageuse de la Somme, puis, poussant vers Chaulnes, ouvre une brèche à Pargny.

Au nord de Péronne, l'ennemi, dans la matinée, atteint Sailly-Saillisel, Rancourt, Cléry, et pousse

TIRAILLEURS AU BORD D'UNE ROUTE.

Une des conséquences les plus graves de l'assaut du 21 mars et de la retraite de l'armée Gough vers le nord-ouest, fut la rupture momentanée de la liaison franco-britannique. La préoccupation constante du commandement français fut de rétablir et de consolider cette liaison.

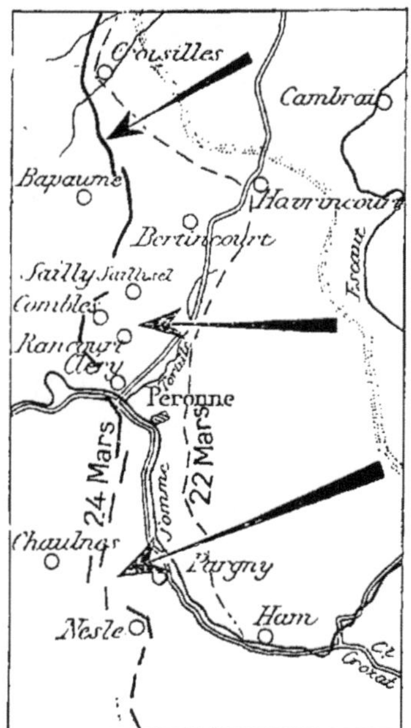

3.000 cavaliers vers l'ouest. Craignant d'être débordés sur leur droite, les corps de l'armée Byng qui, déjà dans la nuit du 22 au 23, ont abandonné le saillant d'Havrincourt, évacuent Bertincourt et se replient vers l'ouest.

Ces unités, écrit le maréchal Haig, se repliaient froidement quand elles se voyaient tournées et menacées d'être coupées, mais en bien des endroits elles livraient des combats furieux et toutes les fois que l'ennemi tentait une attaque de front, le repoussaient avec pertes.

La XVIIe armée allemande, relate Ludendorff, dans ses mémoires, était déjà épuisée. Elle avait subi de trop lourdes pertes le 21 et le 22 mars, devant le saillant de Cambrai.

Les *feldgrauen* continuent, même la nuit, à se glisser dans le brouillard opaque, pour bousculer les éléments français mal fixés et mal ravitaillés, et pour talonner l'armée Gough en retraite vers le Santerre. En cette nuit du dimanche des Rameaux, s'ouvre ainsi la semaine sainte tragique.

La chute de Noyon et la lutte sur l'ancien
champ de bataille de la Somme.

Le 25, dès l'aube, une violente attaque de divisions fraîches allemandes se déclenche contre les divisions françaises fatiguées. Tout en essayant de déborder leur aile gauche et de les séparer des Britanniques, la ruée allemande fonce sur le centre du groupement Pellé.

Devant le danger croissant, le général Humbert, qui a pris le commandement des groupements Pellé et Robillot (3e Armée), prescrit au général Pellé « d'enrayer les progrès ennemis, quel que soit l'état des troupes ».

La 1re D. I. (Grégoire), arrivée en toute hâte, recueille en cours de route les débris de la 18e D. I. britannique et de divisions françaises, s'organise sur les collines qui couvrent Noyon au nord-est. Les défenseurs ont à peine pris position que les Allemands se ruent à l'assaut. Ils sont repoussés. Plus à gauche, ils ne peuvent déboucher de Crisolles, mais, sur la droite française, les 55e et 125e D. I, qui luttent depuis le 22, doivent reculer et passent l'Oise, près de Brétigny. Les Allemands poussent jusqu'à Babœuf, s'en emparent, mais, contre-attaqués par les Britanniques, doivent reculer légèrement.

La bataille redouble d'acharnement, la menace de débordement s'accentue ; Catigny, Beaurains sont enlevés, Noyon est découvert au nord-ouest. Le 144e

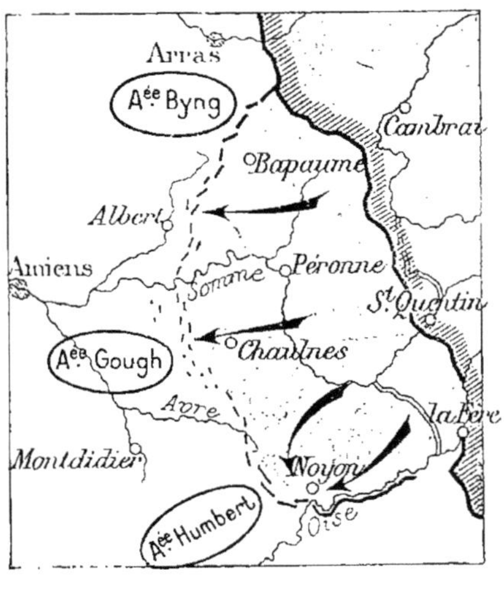

d'infanterie, jeté dans la bataille, contre-attaque, réussit à reprendre les villages, mais le flot allemand pousse toujours et réussit à pratiquer une brèche entre Beaurains et Genvry où il s'engouffre par la petite vallée de la Verse descendant sur Noyon. Les troupes qui tiennent les défenses nord et nord-est sont menacées d'encerclement.

Le général Pellé s'efforce, avec le peu de troupes disponibles qui lui restent, de boucher la nouvelle brèche : il fait organiser rapidement une position de repli sur la montagne de Porquéricourt et le mont Renaud (*croquis p.* 18) et donne l'ordre aux troupes qui restent au nord de Noyon de résister quelques heures encore, heures qui valent des journées.

Une division française, et quelques éléments d'une seconde division grossie d'éléments britanniques qui se sont reformés, se battent à un contre quatre.

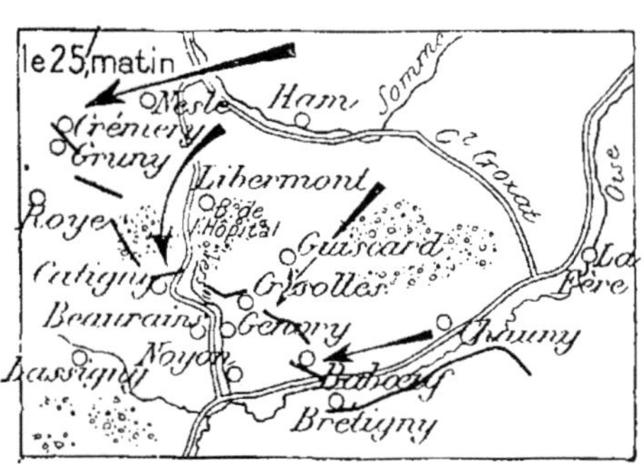

L'ennemi menace Noyon par les vallées de l'Oise et de la Verse. Au nord de Nesle, la route de Montdidier est ouverte.

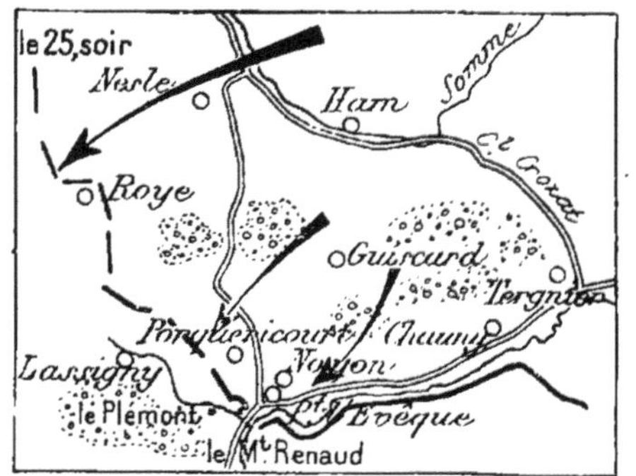

Noyon est perdu. Le groupement Pellé s'organise sur les hauteurs de Porquéricourt et du mont Renaud. Le groupe Robillot se replie sur Roye.

Le 25 au soir, ils se replient, mais en bon ordre et lentement, sur Noyon ; un régiment d'infanterie, le 57e, se bat toute la nuit dans la ville pour donner le temps d'organiser la ligne de résistance définitive.

Le front, le 25 à minuit, passait en avant de la montagne de Porquéricourt et du mont Renaud à Pont-l'Evêque et longeait l'Oise. C'est sur cette ligne de résistance que le général Pellé doit, coûte que coûte, résister aux Allemands et barrer définitivement la route de Paris.

Le soir du 25, le général Humbert déclare : « *Les troupes du 5e C. A. et du 2e corps de cavalerie à pied défendent le cœur de la France. Le sentiment de la grandeur de cette tâche leur montrera leur devoir.* »

Cette journée du 25 est encore plus tragique à la gauche de l'armée Humbert. Dès l'aube s'engage une bataille violente autour de Nesle. A 11 heures, la ville est abandonnée.

Etirées déjà sur un front trop large de Nesle à Guiscard, les troupes du groupement Robillot doivent à la fois rester en liaison, à droite avec les unités du groupement Pellé qui retraitent vers le sud, à gauche avec les unités britanniques affaiblies qui retraitent vers le nord-ouest. La brèche s'élargit, les Allemands s'y ruent. Situation inquiétante au suprême degré. La route de Montdidier est ouverte.

Malgré les prodiges de ténacité, malgré l'activité inlassable des cavaliers de la 1re division, puis du 2e corps, qui, galopant vers les brèches, essaient

Le général Fayolle, commandant le groupe des armées Humbert et Debeney.

de rétablir les liaisons rompues et de retarder la ruée, les unités du groupement Robillot se replient devant Roye.

Au sud de la Somme, la situation est encore plus mauvaise. Les restes des divisions du 19e et du 18e corps britanniques se replient sur la ligne Chaulnes-Frise, qu'ils ne peuvent tenir.

Leur retraite continue jusque sur la ligne Proyart-Rosières. Il n'y a plus de réserves et on n'en attend pas avant quatre jours. Que l'ennemi balaye ces unités épuisées et la route d'Amiens lui est ouverte.

A une dizaine de kilomètres, derrière le front Proyart-Rosières, existe une ancienne ligne française en partie comblée sur le plateau du Santerre, entre la Somme (à Sailly-le-Sec) et la Luce (à Demuin).

Un bataillon de Canadian Railways Engineers est chargé de la restaurer. Mais il n'y a aucune troupe pour la tenir et son abandon compromet Amiens. Le général Gough décide

La journée du 25 mars.
La route d'Amiens est ouverte à l'ennemi.

de rassembler un détachement de fortune : compagnies du génie, mineurs, électriciens, mécaniciens, personnel, élèves et instructeurs des écoles de la 3e et de la 5e Armées, sapeurs américains : environ 2.200 hommes. Ce détachement, sous le commandement du major général Carey, doit tenir 13 kilomètres de front et barrer le chemin d'Amiens.

Au nord de la Somme, les Allemands attaquent d'Ervillers, au nord, jusqu'à la Somme ; la gauche britannique tient bon, la charnière de l'armée Byng ne cède pas ; mais plus au sud, les Allemands prennent Maricourt et ouvrent une brèche dans le rideau des troupes britanniques qui perdent toute liaison ; l'Ancre est franchie, et la droite de l'armée Byng pivotant autour de Boyelles se replie sur la ligne : Bucquoy, Albert, Bray-sur-Somme.

Le général Pétain adresse à ses soldats un vibrant appel :

« *L'ennemi s'est rué sur nous dans un suprême effort. Il veut nous séparer des Anglais pour s'ouvrir la route de Paris. Coûte que coûte, il faut l'arrêter. Cramponnez-vous au terrain ! Tenez ferme, les camarades arrivent. Tous réunis, vous vous précipiterez sur l'envahisseur. C'est la Bataille ! Soldats de la Marne, de l'Yser et de Verdun. je fais appel à vous : il s'agit du sort de la France !* »

De tous les points du front, les divisions françaises montent vers la bataille. Les camions roulent sur toutes les routes vers Montdidier. L'entrain joyeux des troupes, leur attitude même rassurent en passant les populations anxieuses qui, depuis quelques jours, entendent le bruit du canon se rapprocher et voient se dérouler le lamentable cortège des pauvres gens qui fuient devant l'invasion.

Le général Debeney arrive de Toul avec son état-major pour prendre le commandement d'une nouvelle armée (1re Armée) dont les divisions débarquent chaque jour. Le général Humbert voit s'accroître sa 3e Armée de la

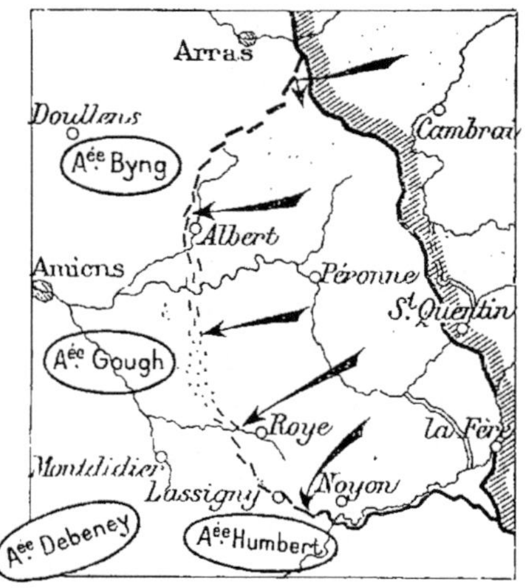

77e D. I. (d'Ambly). Le général Fayolle coordonne l'action de ces deux armées dont la mission générale est de fermer la route de Paris aux Allemands et de couvrir Amiens.

La poussée sur Montdidier. Chute de Roye.
La poussée sur Amiens. Chute d'Albert.

Le 26, le groupement Pellé garnit le mont Renaud, rempart qui barre la vallée de l'Oise.

L'ennemi veut à tout prix s'ouvrir le passage ; sans souci des pertes, il lance des forces nouvelles.

« *Il faut tenir coûte que coûte sur les positions actuelles. L'honneur de chaque chef militaire est engagé* », écrit le général Pellé. Des tranchées sont creusées, le mont Renaud organisé. La route de Compiègne est barrée et les hauteurs au sud et au sud-ouest de Noyon deviennent le pivot de la défense. Le mont Renaud, sous des assauts répétés, change plusieurs fois de mains, mais reste aux Français. A bout de forces, la 10e division se replie sur le massif du Plémont où la 77e division vient de s'installer.

Mais si la droite de l'armée Humbert interdit à l'ennemi toute progression, à la gauche le groupement Robillot et les premiers éléments de l'armée Debeney qui, peu à peu, va se constituer, ne peuvent s'accrocher dans cette plaine de Picardie. Leur ligne n'est toujours qu'un mince rideau dans lequel la ruée ennemie, qui ne faiblit pas, pratique des brèches.

Groupés sous le commandement du général de Mitry, des éléments des 56e (Demetz) et 133e divisions d'infanterie, des 5e et 4e divisions de cavalerie sont jetés en avant, essayant d'établir la liaison à leur droite avec la 22e division, à leur gauche avec les unités britanniques, en repli vers le Santerre : liaison bien fragile, car pour l'assurer, les divisions doivent s'étendre à l'excès. Se battant nuit et jour, ne reculant que pied à pied, ces glorieuses troupes permettront l'arrivée des renforts sur la ligne de l'Avre.

La 22e division, épuisée, se replie et entraîne à sa droite la 62e. Roye tourné au sud, attaqué au nord, est perdu. Les 22e et 62e divisions se dissocient, une brèche s'ouvre entre elles, un détachement de fortune organisé sur place par le général Robillot, groupe cycliste, cavaliers d'escorte, agents de liaison, est jeté dans cette brèche.

Le soir du 26, le front s'établit tant bien que mal sur la ligne l'Echelle - Saint - Aurin, Dancourt, Plessis-Cacheleux.

Le général Humbert adresse

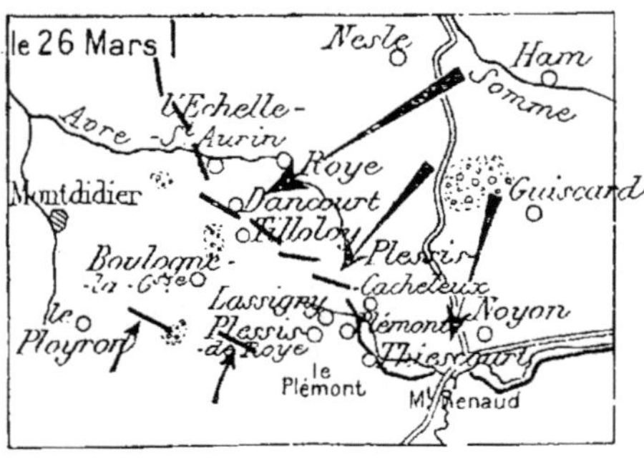

L'ennemi cherche à déborder par sa gauche l'armée Humbert solidement accrochée au Plémont. Roye tombe.

LA PLACE D'ARMES DE ROYE A LA FIN DES HOSTILITÉS.

à ses troupes un pressant appel : « *Que tous les chefs soient profondément résolus à accomplir ce devoir jusqu'à la limite extrême du sacrifice et sachent l'exiger de leurs hommes.* »

Au nord de la Somme, l'ennemi enlève Albert, précieux nœud de communications. Mais il échoue, plus au nord, contre l'aile gauche de l'armée Byng.

LE MONT RENAUD.
Photos extraites du Guide illustré : **Noyon-Roye-Lassigny.**

Les Alliés réalisent l'unité de commandement.

Les événements ont mis en lumière l'urgente nécessité de réaliser l'unité de commandement. Le 26 mars, à Doullens, où se réunissent Poincaré, Clemenceau, lord Milner, Douglas Haig, Pétain et Foch, ce dernier reçoit la mission de « coordonner l'action des armées alliées sur le front ouest ».

« Quelle est, au moment où Foch va ainsi se superposer à Pétain et à Haig, la situation des armées en ce qui concerne les directives du haut commandement ? En d'autres termes, comment la bataille anglo-française est-elle dirigée ? La situation se trouve définie par les ordres généraux de Pétain et de Haig. Le premier de ces ordres prescrit :

« De maintenir groupées les forces françaises pour couvrir la capitale (*mission essentielle*) ;

« D'assurer la liaison avec les Anglais (*mission secondaire*) ;

« Le second prescrit de faire tout le possible pour éviter une rupture avec les Français ;

« Si l'on y est contraint, *de se replier lentement en couvrant les ports du Pas-de-Calais.*

« Il suffit de placer ces deux ordres l'un à côté de l'autre pour être *douloureusement frappé de leur divergence.* Visiblement, les instructions des deux grands chefs n'ont pas le même objet, ne tendent pas vers la même fin. L'un pense à Paris, l'autre aux ports du détroit. Chacun d'eux consacrera évidemment la plus grande partie de ses forces, de ses ressources, à ce qu'il considère comme la tâche essentielle. Du côté allemand, en somme, il n'y a qu'une bataille. *Du côté allié, il y en a deux : la bataille pour Paris, la bataille pour les ports.* Que cette situation-là continue, et notre défaite est certaine.

« La première idée de Foch, sa première pensée à la minute même où il saisit le gouvernail, c'est de faire cesser par tous les moyens cette divergence désastreuse. Il prescrit aux deux commandants en chef de maintenir à tout

RENFORTS FRANÇAIS ET BRITANNIQUES DANS UN VILLAGE.

prix la liaison entre leurs armées. Ce qui était accessoire devient essentiel. L'important est d'assurer à tout prix la soudure entre les armées alliées et, pour cela, de couvrir non point Paris ni Calais, mais Amiens. Cette bataille qui, hier encore, était double, va désormais s'unifier, elle deviendra *la bataille pour Amiens*.

« Telle est l'idée stratégique dont, infatigablement durant les journées qui suivent, il va poursuivre la réalisation. Courant en automobile de quartier général en quartier général, il ira répéter la même chose à tous, à Haig, à Pétain, à Gough, puis à Rawlinson qui le remplace, à Fayolle, à Debeney, à Humbert. Il s'agit d'enfoncer de plus en plus à coups répétés cette idée dans la cervelle de tous les exécutants...

« Assurer la liaison, maintenir les troupes où elles se trouvent, empêcher les retraites volontaires, surtout les relèves en pleine bataille, pousser vers la ligne de feu toutes les divisions qui arrivent, tels sont les ordres qui, durant les journées suivantes, reviennent sans cesse sur ses lèvres. » (RAYMOND RECOULY : *La bataille de Foch.*)

Le 28 mars, le général Pershing offrira à Foch le concours direct et immédiat des forces américaines :

« *Je viens vous dire que le peuple américain tiendrait à grand honneur que nos troupes fussent engagées dans la présente bataille. Je vous le demande en mon nom et au sien. Il n'y a pas en ce moment d'autres questions que de combattre. Infanterie, artillerie, aviation, tout ce que nous avons est à vous.* »

Désormais « le cerveau de la bataille fonctionne là où le général Foch a installé son poste de commandement. A Beauvais, provisoirement. Deux fois par jour, des courriers reliaient au P. C. suprême les Etats-Majors britannique et français...

« Et pour mieux s'accommoder au rythme de cette pensée fulgurante, on institua un service de courriers en avions, qui suffisait à peine. » (JEAN DE PIERREFEU. — *G. Q. G., Secteur 1.*)

LIGNE DE TIRAILLEURS FRANÇAIS ET BRITANNIQUES.

La chute de Montdidier.
La résistance croissante des ailes.

Le 27, harcelé par les troupes françaises dont la résistance devient de plus en plus ferme, l'ennemi n'a plus la fougue des premiers jours.

Son infanterie, à 60 kilomètres de sa base de départ, ne peut être ravitaillée qu'avec de grandes difficultés, encore accrues par l'activité incessante de l'aviation alliée qui, sans trêve, bombarde les convois et les gares.

L'artillerie, suivant difficilement l'infanterie, n'est pas toujours en mesure de l'appuyer efficacement.

La résistance alliée s'organise Le groupement Pellé, solidement accroché aux bastions de l'Ile de France, reçoit résolument des assauts répétés.

Au mont Renaud, 5 attaques sont brisées.

De Canny à l'Oise, le front reste inébranlable.

Se heurtant à ce solide barrage, le flot d'invasion déferle vers Montdidier, submerge les unités du groupement Robillot qui se replient vers Rollot. Les divisions allemandes arrivent à Montdidier, atteignent Piennes, Rubescourt, Rollot. Une brèche profonde se pro-

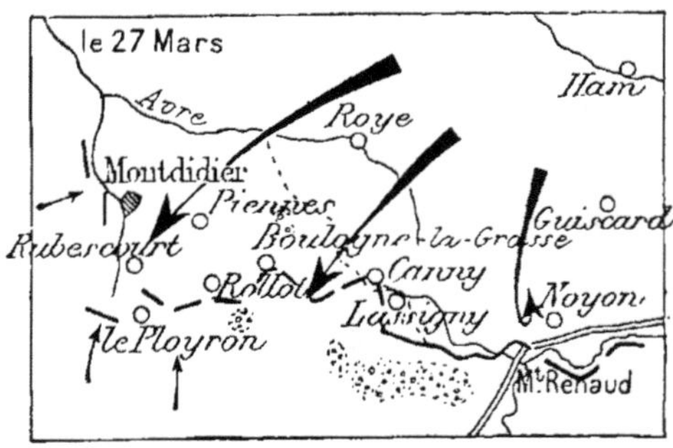

Montdidier tombe. Mais l'ennemi, affaibli, se heurte à une résistance croissante et n'ira pas plus loin.

GÉNÉRAL RAWLINSON.

duit entre la gauche de l'armée Humbert et la droite de l'armée Debeney qui commence à s'installer sur les plateaux, en avant de la vallée de l'Avre.

Heure tragique : le général Debeney télégraphie au général Fayolle : « *Il y a un trou de 15 kilomètres entre les deux armées où il n'y a personne. Je demande au général Fayolle de faire prendre en camions des troupes et de les faire porter au nord du Ployron pour s'opposer au moins au passage de la cavalerie.*

Deux divisions de l'armée Humbert, quelques heures après, sont poussées dans la brèche.

L'ennemi épuisé par des pertes cruelles est enfin arrêté.

A l'est de Rollot, les points essentiels du massif de Boulogne-la-Grasse sont tenus solidement.

Derrière l'Avre, les trains, les camions déversent maintenant les divisions de l'armée Debeney.

Les Britanniques reçoivent des renforts et arrêtent leur retraite à hauteur d'Albert.

La poussée contre leurs lignes se fait d'ailleurs moins vive, les forces allemandes convergeant vers Montdidier.

Le général Rawlinson succède au général Gough.

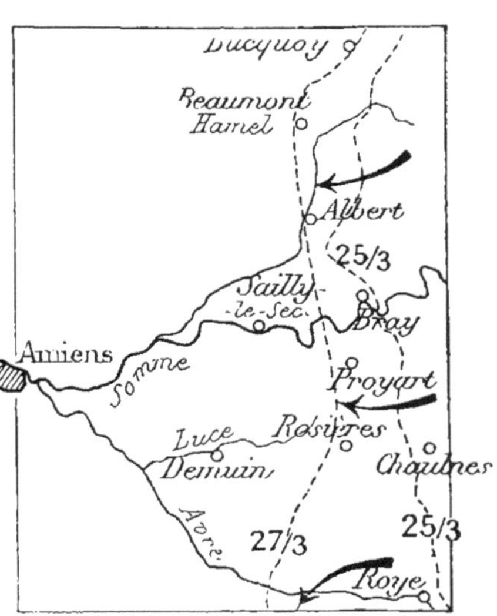

Les journées des 26 et 27 mars.
Les renforts britanniques affluent au nord de la Somme. Les forces allemandes convergent vers Montdidier.

L'ANCRE A ALBERT.

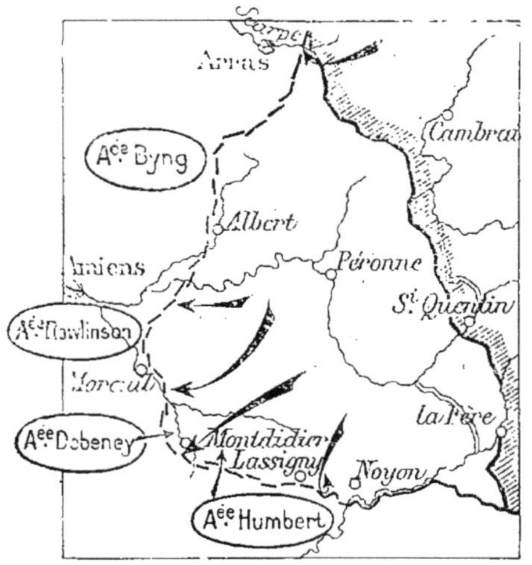

La bataille pour Amiens.
Le front s'organise, la défense réagit.

A la nouvelle de la prise de Mont-didier, les quatorze divisions de l'armée de von Hutier convergent vers la poche creusée au sud-ouest.

De plus, sept divisions en marche vers le front britannique entre la Somme et Arras changent brusquement de direction et marchent vers le sud : 80.000 Allemands, le 28, se dirigent vers le trou où 160.000 hommes de l'armée von Hutier s'engouffrent déjà ; en tout 240.000 hommes vont être engagés sur un front de 28 kilomètres.

La gauche de l'armée Humbert se tient sur une défensive agressive.

Le 28 mars, elle contre-attaque ; le 4e zouaves enlève Orvillers et Boulogne-la-Grasse, menaçant de flanc l'ennemi engagé à Montdidier. Celui-ci, inquiété, reprend une partie des positions conquises. Mais l'effet moral est grand, les troupes françaises affirment leur volonté de réagir.

Ces contre-attaques continuent le 29 et retiennent sur le front de l'armée

UNE BARRICADE A L'ENTRÉE DE MERVILLE-AU-BOIS.
A 6 km. ouest de Moreuil.

Echelons d'artillerie français dans Moreuil.

Humbert de nombreuses unités allemandes qui se préparaient à marcher sur l'Avre.

Pendant ces deux jours, plus au nord, le général Debeney ramasse ses forces sur le front Le Quesnel, Hangest, Pierrepont, Mesnil-Saint-Georges, Rubescourt. « *Il ne peut être question,* proclame-t-il, *de passer sur la rive gauche de l'Avre.* »

Dès l'aube du 28, il est attaqué et perd Mesnil-Saint-Georges à l'ouest de Montdidier.

La 166ᵉ division, qui vient de débarquer, arrête la poussée à Grivesnes et à Plessier. Un bataillon de la 5ᵉ division de cavalerie, pied à terre, reprend Mesnil et Fontaine-sous-Montdidier.

A la soudure avec les Britanniques, l'attaque est plus violente, Hangest est pris et les Allemands s'infiltrent dans la vallée de la Luce, repoussant les éléments britanniques dont la résistance cependant s'accentue.

Ces éléments se maintiennent sur la rive droite de l'Avre.

Le 29, l'ennemi lance à l'assaut de nouvelles divisions. L'attaque se produit surtout à Demuin et à Mézières et accule la défense le long de l'Avre ; mais l'armée Debeney se complète par l'arrivée des 127ᵉ, 29ᵉ et 163ᵉ divisions. Sa liaison avec les Britanniques est solidement renforcée.

Devant Arras, à cheval sur la Scarpe, les Britanniques se replient à l'alignement de l'armée Byng et repoussent de violents assauts (*croquis* p. 26).

Au soir du 29 mars, l'ennemi est bloqué au fond de la poche, dont les flancs tiennent solidement.

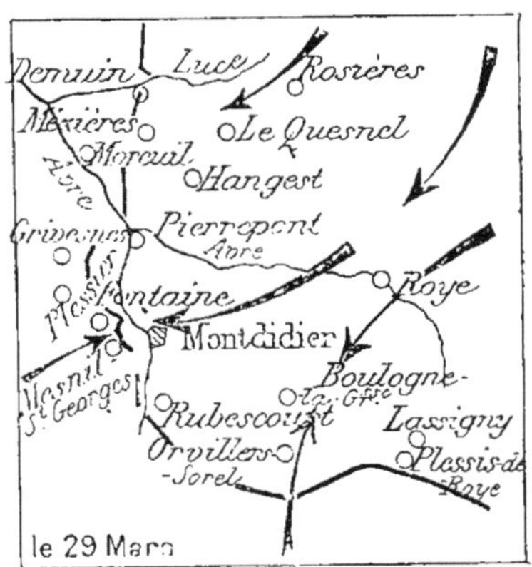

Le 29 mars, l'ennemi est bloqué au fond de la poche.

L'assaut général au fond de la poche et l'arrêt de l'offensive allemande.

Le 30 mars, les Allemands lancent un assaut général sur un front de 50 kilomètres, de Moreuil jusqu'à Noyon, contre les armées Humbert et Debeney. Ce sera leur dernier effort dans la poussée vers le sud.

L'artillerie lourde française en beaucoup d'endroits n'a pas encore rejoint les emplacements nouveaux. Cette bataille sera donc, avant tout, une bataille d'infanterie. L'aviation suppléera à ce manque d'artillerie et les bombardements sur les gares, sur les troupes en marche, sur les ravitaillements seront incessants, pendant que l'aviation de combat chargera, au ras du sol, les colonnes allemandes.

Devant l'armée Humbert, les lignes françaises sont à peine entamées et des combats épiques sont livrés au Plémont, au Plessis-de-Roye et devant Orvillers. (*Voir le Guide :* **Noyon – Roye – Lassigny.**)

Dans la région d'Orvillers-Sorel, la 38e D.I. tient en échec, malgré quatre assauts, la 4e division de la Garde.

Les attaques sur le front de l'armée Debeney sont menées avec le même acharnement.

A l'aile droite de cette armée, pas un pouce de terrain n'est cédé. Tous les assauts allemands sur Mesnil-Saint-Georges sont repoussés. Le 6e corps maintient à peu près intégralement toutes ses positions, sauf devant la Cote 104, où un léger recul doit être effectué.

A l'aile gauche, le 36e corps (Nollet) doit céder devant la poussée et recule jusqu'à l'Avre. Moreuil est perdu le 30 au soir.

Le 31 mars, la journée se passe en actions locales, mais très violentes, notamment à Mesnil-Saint-Georges et à Grivesnes, sans aucun résultat appréciable.

LE DERNIER EFFORT ALLEMAND VERS LE SUD.
30 mars-5 avril.

MONTDIDIER AUX MAINS DE L'ENNEMI.
Le Palais de Justice (voir p. 99). En travers de la rue, un écriteau allemand.

Au soir du 31, sur le front français, la ligne est à peu près maintenue dans son ensemble et passe à l'ouest de Moreuil, longe les hauteurs de la rive gauche de l'Avre, l'ouest de Cantigny, contourne Montdidier et se poursuit par les lisières d'Orvillers, Roye-sur-Matz, le Plémont et les collines au sud de Noyon que les Allemands n'ont pu entamer.

Le 1ᵉʳ avril, l'ennemi sonde les lignes françaises à Rollot, au sud-est de Montdidier, mais une contre-attaque énergique l'arrête net. Devant Grivesnes, trois assauts sont également repoussés.

Les journées des 2 et 3 avril sont relativement calmes et vont précéder une nouvelle tentative allemande qui sera le dernier effort contre l'armée Debeney.

Dès l'aube du 4, une action intense d'artillerie, qui s'étend du nord de Hangard au sud de Grivesnes, prélude à l'action d'infanterie qui se déclenche à 7 h. 30 avec une violence inouïe.

Sur ce front restreint d'une quinzaine de kilomètres, 15 divisions, dont 7 de troupes fraîches, seront engagées. Plus de dix assauts successifs seront lancés au cours de cette journée.

Devant Grivesnes, quatre assauts sont repoussés. Sur Cantigny et la Cote 104, tous les efforts allemands sont brisés. Cependant, plus au nord, les Allemands réussissent à atteindre Mailly-Raineval, s'en emparent et enlèvent Morisel et Castel.

Le lendemain, **5 avril**, des contre-attaques arrêtent les Allemands, les empêchent de profiter du succès relatif qu'ils ont remporté au nord de Montdidier, et les refoulent dans Mailly-Raineval et dans Cantigny.

Les jours suivants, on se battra autour de certains points qui seront pris et repris plusieurs fois, mais ces opérations seront toujours locales.

Le bilan de l'offensive allemande du 21 mars.

Le grand assaut allemand est terminé, les routes du sud-ouest sont barrées comme celles du sud l'ont été à Noyon. Ce jour-là, le général Debeney peut adresser à ses troupes l'ordre suivant :

« Soldats de la 1re Armée,

« Vous avez bien rempli votre rude tâche.

« La ténacité de votre résistance, la vigueur de vos contre-attaques ont brisé la ruée de l'envahisseur et assuré la liaison avec nos braves Alliés britanniques. La grande bataille est commencée. A cette heure solennelle, le pays entier est debout derrière nous et l'âme même de la Patrie vivifie nos cœurs. »

Au 4 avril, la grande bataille, dont les batailles pour Amiens, Montdidier et Compiègne ne sont que des fragments, est virtuellement terminée.

Pendant dix jours, les Allemands ont pu, après avoir rompu le front, substituer la guerre de mouvement à la guerre de position, mais l'armée française, dans un effort gigantesque, s'est mise au travers de leur route et, comme à Verdun, en 1916, a ruiné leurs espoirs.

La guerre de mouvement ne leur a pas donné les résultats escomptés. Ils n'ont pu ni rompre les armées alliées, ni les bousculer : au contraire, ils ont provoqué l'unité de commandement, sous la direction du général Foch, devenu généralissime interallié, et renforcé la cohésion des armées alliées.

Ils ont pris Montdidier, mais n'ont pu atteindre ni Amiens, ni Compiègne. Tandis que les armées britanniques, au début fort éprouvées, se sont regroupées, et que les réserves françaises n'ont été que partiellement engagées, ils ont fait subir à leurs meilleures troupes, à leurs armées de choc une usure considérable ; les mitrailleuses, les 75, ont couché sur la route de Paris des milliers et des milliers de leurs soldats.

Au 31 mars, ils avaient dû engager 90 divisions, dont 25 avaient été retirées comme ayant trop souffert. Certaines de ces divisions comme la 45e D. R., certaines unités de la 2e division de la Garde, de la 5e D. ont perdu 50 % de leur effectif ; les formations des 6e, 195e, 4e et 119e D. ont eu jusqu'à 75 % de pertes ; en prenant les chiffres les plus bas, les Allemands ont au moins perdu 250.000 hommes.

Le Kronprinz impérial avait promis à ses soldats que les cloches de Pâques sonneraient la paix. Le jour de Pâques est passé et les armées alliées, plus unies que jamais, attendent avec confiance la fin de la bataille, décidées, elles aussi, à forcer la victoire.

Après l'échec du 4 avril, von Hutier a épuisé toutes ses réserves ; toutes les divisions de la XVIIIe Armée ont été engagées et la plupart fortement éprouvées. Ne voulant pas prélever des divisions sur le Groupe d'Armées du Kronprinz de Bavière, réservé pour les opérations projetées en Flandre, ni recourir aux divisions du front de Champagne et de Lorraine, moins bonnes et moins instruites, sentant aussi que la lutte ne peut plus tourner qu'à une guerre d'usure, analogue à l'ancienne bataille de la Somme, le commandement allemand renonce pour le moment à toute offensive sur le front de la Somme à l'Oise.

Un document de la XVIIIe Armée allemande désigne les opérations antérieures au 6 avril sous le nom de « bataille de rupture » et celles qui suivirent sous le nom de « combat sur l'Avre et dans la région de Montdidier-Noyon ».

Successivement et assez rapidement, les divisions qui constituent la masse d'attaque de von Hutier sont retirées ; à la fin de mai, sur les 23 divisions qui formaient la XVIIIe Armée au 21 mars, 2 seulement seront encore en ligne sur le front de Moreuil à l'Oise.

BATTERIES BRITANNIQUES EN ACTION EN RASE CAMPAGNE.

TROUPES BRITANNIQUES MONTANT EN LIGNE (ENVIRONS D'ALBERT).

AMIENS. UN OBUS ÉCLATE DANS LA RUE DE BEAUVAIS

La guerre de position.

A partir d'avril, c'est en effet la guerre de position qui recommence. Le front allié s'est reconstitué. Une ligne continue s'est établie, formée de tranchées rapidement creusées, d'ouvrages hâtivement construits, tenus par des troupes résolues dont le moral est intact et l'ardeur plus grande que jamais.

De nouveau, l'artillerie lourde rentre en scène, et le pilonnage préparatoire des positions redevient nécessaire.

De vifs combats se livrent fréquemment sur certains points, sur la Luce, dans la région de Hangard, sur l'Avre, de Thennes à Mailly-Raineval, et à Grivesnes, sur la rive ouest du Matz, dans la région d'Orvillers-Sorel, en avril et en mai. Parmi ces opérations, l'une par son ampleur et sa violence fut une réelle offensive contre Amiens, c'est l'attaque du 24 avril.

L'attaque du 24 avril sur Villers-Bretonneux.

(Croquis ci-contre.)

Le plateau de Villers-Bretonneux commande le terrain entre l'Avre et la Somme.

Il est tenu par les Britanniques ;

UNE PIÈCE DE 280 QUI BOMBARDA AMIENS.

un peu au sud, dans les bois de Hangard, aux abords de la Cote 99, se fait la soudure des Alliés. Les Allemands cherchent avant tout à frapper en ce point qu'ils croient plus faible, plus facile à rompre.

La ligne française part de la ferme Anchin, à l'ouest de Moreuil, contourne Castel par les lisières ouest et nord, rejoint la Cote 63 sur la rive droite de l'Avre, enveloppe Hangard, et joint la ligne britannique aux abords de la Cote 99, au sud du bois de Hangard. De ce point la ligne britannique coupe le plateau entre l'Avre et la Somme, entre Marcelcave et Villers-Bretonneux et passe aux lisières est de Hamel.

Le bombardement précède d'une heure l'attaque d'infanterie qui se déclenche à 5 heures. Dans un effort puissant, les Allemands s'emparent de Villers-Bretonneux. Hangard est perdu dans la nuit. Cachy est menacé.

Le lendemain, les Franco-Britanniques attaquent, reprennent la plus grande partie du terrain perdu, la plus importante : Villers-Bretonneux, Hangard et son bois sont reconquis et conservés contre tous les retours offensifs de l'ennemi qui se détourne de ce secteur pour se lancer sur un autre point dans les Flandres.

Tranchées françaises aux lisières de Cachy. (Voir p. 59.)

L'appréciation de Ludendorff.

« *La bataille était terminée le 4 avril, écrit Ludendorff dans ses mémoires. Ce fut un brillant fait d'armes, et qui sera toujours considéré ainsi dans l'Histoire. Ce que les Anglais et les Français n'avaient pu faire, nous l'avions accompli dans la quatrième année de la guerre.*

« *Stratégiquement, nous n'avions pas atteint ce que les événements des 23, 24 et 25 mars pouvaient nous faire espérer.*

« *Le fait que nous avions échoué pour prendre Amiens, ce qui aurait rendu les communications des forces ennemies à cheval sur la Somme extrêmement difficiles, était spécialement désappointant.*

« *Le bombardement à longue distance des voies ferrées, ne pouvait être un équivalent.* »

Batterie de 155 en action, a Rocquencourt.
(A 11 kilomètres ouest de Montdidier.)

Pièce lourde allemande, a Faverolles. (4 km. est de Montdidier.)
Cette pièce a été capturée au cours de l'offensive de l'armée Debeney, le 9 août 1918.

(Voir p. 42.)

Clemenceau au G. Q. d'une division britannique en 1918.

Un piège a tanks allemand.
Des soldats australiens et américains examinent les explosifs qui garnissaient un piège à tanks. L'un d'eux se sert d'un périscope allemand (11 juillet 1918).

LES OFFENSIVES DES ALLIÉS EN PICARDIE
en août et septembre 1918.

Après l'offensive allemande de mars.

Après l'arrêt de son offensive en Picardie, l'ennemi va tenter d'obtenir, par des offensives secondaires, les résultats qu'il n'a pu atteindre de suite.

Le 9 avril, il attaque sur le front de Flandre de Béthune au nord d'Ypres, en direction des ports de la Manche ; il ne peut prendre Ypres, ni atteindre Hazebrouck. (*Voir le Guide illustré : Ypres.*)

Le 27 mai, c'est le front du Chemin des Dames qui est assailli brusquement ; la ruée se porte jusque sur les rives de la Marne. (*Voir le Guide illustré : La 2e bataille de la Marne.*)

Du 9 au 18 juin, l'ennemi tente d'ébranler les saillants de l'Aisne et de Reims. Le 11 juin, il enlève le massif de Thiescourt, mais est arrêté devant Compiègne. Il est bloqué devant Reims par les coloniaux.(*Voir le Guide illustré : Reims.*)

Enfin, pressés d'en finir, et hypnotisés par Paris, les Allemands décident une nouvelle offensive plus formidable encore : le « Friedensturm » ou bataille pour la paix. Mais le Commandement français n'est pas surpris : il a pu délimiter le cadre et déterminer l'heure de cette offensive. La parade est trouvée. Les Allemands échouent.

Stratégie et tactique des Alliés.

L'instant est décisif, l'heure de la contre-offensive est arrivée. Les Alliés ont surmonté la crise des effectifs. L'armée britannique est reconstituée. Les forces américaines se sont prodigieusement accrues. L'armée française est plus ardente que jamais. Les Alliés disposent de moyens matériels puissants, particulièrement de l'instrument de rupture par excellence, le char d'assaut dont l'emploi en grand va faciliter et soutenir l'effort de l'infanterie, et opposer aux *sturmbataillons* allemands une tactique nouvelle.

Enfin et surtout, les Alliés sont groupés sous le commandement d'un chef unique, le maréchal Foch, qui, instruit sur la valeur des forces ennemies, sait choisir son heure.

« *Les armées alliées, dit-il, arrivent au tournant de la route ; en pleine bataille, elles viennent de reprendre l'initiative des opérations, leur force leur permet de la conserver ; les principes de la guerre leur commandent de le faire. Le moment est venu de quitter l'attitude générale défensive imposée jusqu'ici par l'infériorité numérique et de passer à l'offensive.* »

Ce qu'un de ses lieutenants, le général Mangin, traduira par ces mots : « *Il est temps de secouer la boue des tranchées.* »

Une étude faite sur documents du G. Q. G. français ajoute : « *L'action du commandant en chef des armées alliées va tendre, désormais, à maintenir son emprise sur le commandement allemand, à ne lui laisser aucun répit qui puisse lui permettre de se ressaisir et de reconstituer ses forces. Pour cela, il va prescrire et faire exécuter des attaques séparées se succédant aussi rapidement que possible et par surprise, afin d'augmenter progressivement la désorganisation des armées ennemies, et le désarroi du commandement allemand jusqu'au jour où il ordonnera l'offensive générale et, finalement, l'attaque qui fera tomber tout le front adverse.* »

Le rapprochement de cette conception stratégique du maréchal Foch avec celle de Ludendorff en fait ressortir toute la souplesse et la puissance.

La contre-offensive des armées Mangin et Degoutte dans la poche de Château-Thierry, commencée le 18 juillet, est à peine achevée que se déclenche soudain la bataille de Picardie.

L'armée des Alliés, puissamment renforcée en hommes et en matériel et conduite par un chef unique, Foch, va donner à son tour l'assaut à tout le front ennemi (voir p. 6).

Dans cette nouvelle bataille de Picardie, la retraite des armées allemandes, sur la ligne Hindenburg. d'août à septembre 1918, s'effectuera sous quatre poussées successives :

I. — Opérations simultanées de la 4e Armée britannique et des 1re et 3e Armées françaises, sur le saillant : Albert, Montdidier, Lassigny, pour dégager la voie ferrée Paris-Amiens. *(Pages 38 à 45)*.

II. — Offensive britannique au nord de la Somme conjuguée avec une offensive française entre Oise et Aisne. *(Pages 46 à 49)*.

III. — Offensive britannique sur la Scarpe, et offensive française sur l'Ailette. *(Page 50.)*

IV. — Offensive franco-britannique contre les avancées de la ligne Hindenburg. *(Page 51.)*

I. — L'ATTAQUE DU SAILLANT :
ALBERT, MONTDIDIER, LASSIGNY
8-13 août.

Opérations préliminaires de juillet.

Durant tout le mois de juillet, le Commandement allié avait exécuté différentes opérations locales pour améliorer les positions et préparer les bases de départ pour l'offensive projetée.

Dès le 4 juillet, les Australiens aidés d'Américains avaient commencé, en s'emparant du village et du bois du Hamel, de progresser entre Villers-Bretonneux et la Somme.

Le 9 juillet, les Français, après une brillante attaque entre Castel et le nord de Mailly-Raineval, s'étaient emparés de Castel ; le 23, de Mailly-Raineval, se rapprochant ainsi de l'Avre.

Toutes ces affaires et la réduction du saillant de Cantigny opérée par la 1re division américaine, dès le 28 mai, avaient en partie donné l'éveil à l'ennemi.

Il avait exécuté un repli sur l'Ancre, le 2 août, et un repli sur l'Avre, le 3 août. Il avait retiré le gros de ses forces à l'est de ces deux rivières et n'avait laissé sur les rives ouest que des éléments légers.

Ludendorff venait d'autre part de subir sur la Marne une grave défaite. Du 18 juillet au 4 août, il avait été ramené durement de la Marne jusqu'à la Vesle où il réussissait seulement à s'accrocher (*Voir le Guide illustré :* **La 2e bataille de la Marne**). Il crut cependant que les Alliés, épuisés par cet effort, lui laisseraient le temps de se ressaisir et déjà il préparait, dans les Flandres, une nouvelle opération, lorsqu'il fut surpris par la foudroyante extension de l'offensive alliée. Il ne pourra plus, dès lors, reprendre à Foch l'initiative des opérations.

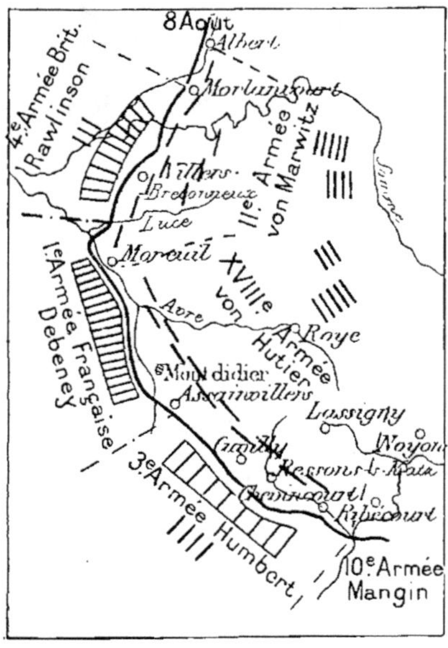

Le front du 8 août et les forces en présence.

La ligne de front et les forces en présence.

Au 8 août, le front passait à l'ouest d'Albert, à l'est de Villers-Bretonneux ; il suivait la rive gauche de l'Avre, puis le ruisseau des Doms, par l'ouest de Montdidier et courait ensuite vers le Matz et l'Oise par Assainvillers, l'ouest de Cuvilly et de Chevincourt.

Du nord au sud, le front ennemi est tenu par la 11e Armée (von Marwitz), du Groupe d'Armées du Kronprinz de Bavière (10 divisions en ligne d'Albert à Morceuil), et par la XVIIIe Armée (von Hutier), du Groupe d'Armées du Kronprinz impérial (11 divisions de Moreuil à l'Oise).

Ces deux armées qui ont donc 21 divisions en ligne, engageront au cours de la bataille 17 autres divisions, soit 38 divisions en tout.

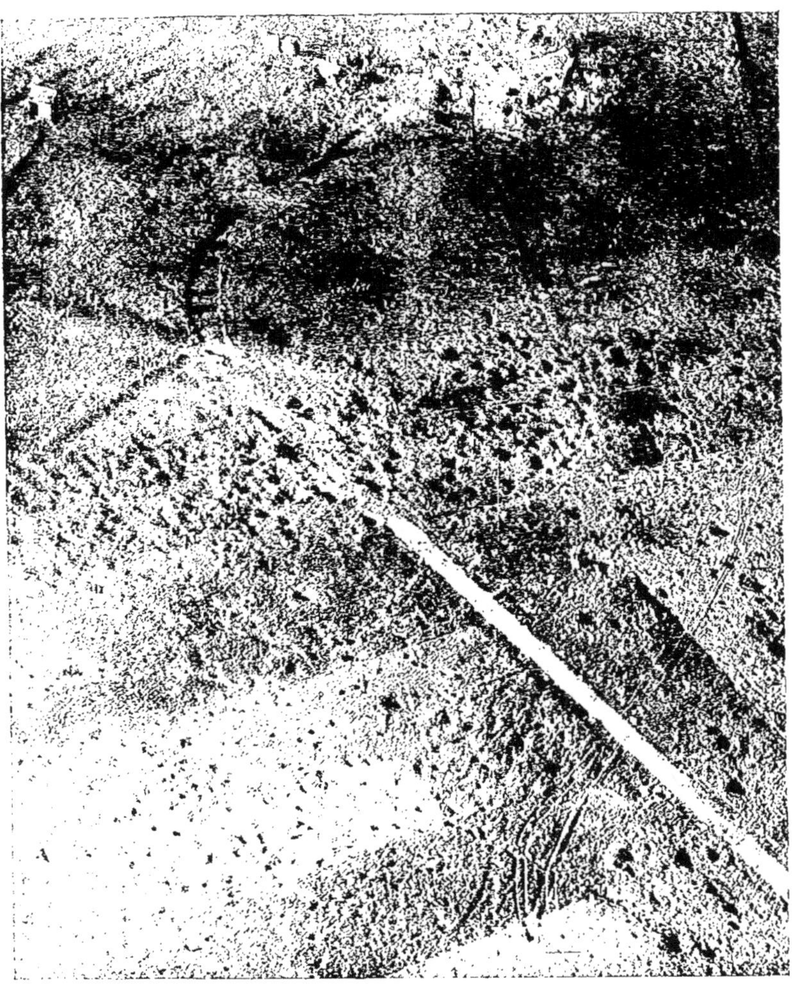

LES AMÉRICAINS A L'ASSAUT DE CANTIGNY (28 MAI 1918).

Photo prise par un avion d'accompagnement. En haut de la photo, le village de Cantigny. En bas, on distingue les traces du passage des tanks.

La photo est semée de taches blanches qui sont les fantassins américains. Deux taches plus importantes, à 2 cm. au-dessous du village, sont deux tanks.

Sous le commandement du maréchal Sir Douglas Haig, le maréchal Foch a réuni :

La 4e Armée britannique du général Rawlinson (3e corps à 3 divisions, corps australien à 4 divisions, corps canadien à 4 divisions, avec, en arrière, 3 divisions de cavalerie britannique, 2 brigades de mitrailleuses automobiles et un bataillon cycliste canadien) ;

La 1re Armée française du général Debeney : (31e corps à 4 divisions, 9e corps à 2 divisions, 10e corps à 3 divisions, 35e corps à 4 divisions, avec, en arrière, le 2e corps de cavalerie).

L'attaque franco-britannique du 8 août 1918.

Ces deux armées franco-britanniques attaquent, le 8 août, sur un front de 25 kilomètres depuis l'Ancre jusqu'à l'Avre.

« A 4 h. 20, dit le Bulletin d'information britannique après trois formidables coups de canon qui semblent annoncer le lever du rideau sur le drame qui se prépare, le barrage roulant se déchaîne devant les troupes australiennes et canadiennes qui s'élancent aussitôt. En même temps partent les tanks lourds et légers, les autos blindées, les camions de ravitaillement en matériel, en munitions, en vivres ; sur certains points les cavaliers, tandis que l'artillerie et les avions suivent, surveillent ou activent l'avance. Dans le camp ennemi, la surprise est complète. Les Allemands, troupes et États-Majors, sont cueillis avant d'avoir eu le temps de se reconnaître, les villages cernés tombent les uns après les autres, la cavalerie et les tanks dépassent l'infanterie et sèment la panique. »

Les Britanniques progressent rapidement en direction de Rosières, des deux côtés de la voie ferrée d'Amiens à Chaulnes.

Vers le soir, la ligne avancée passe par Mézières, Caix et Cerisy. Partout, sauf au nord, à Morlancourt, où la garnison allemande continue une résistance désespérée, l'ennemi bousculé s'est enfui.

Plus de 13.000 prisonniers, dont un général et un État-Major de corps d'armée, plus de 300 canons sont tombés aux mains des Britanniques dès le 9 au matin.

Sur le front de l'armée Debeney, la préparation d'artillerie, courte mais violente, a duré 45 minutes, et l'attaque est partie plus tard que du côté britannique, à 5 h. 5. Mais comme ici le terrain, coupé sur une bonne partie de son étendue par le fossé de l'Avre, est beaucoup plus difficile, le général Debeney a demandé à la manœuvre plus encore qu'à la surprise.

La journée du 8 août.

Il attaque d'abord sur 4 kilomètres seulement, au sud de la route d'Amiens à Roye, en débouchant de la vallée de la Luce, vers un terrain propice aux chars d'assaut, puis engage progressivement ses troupes sur sa droite le long de l'Avre.

A 8 heures, 2 divisions contournent le bois de Moreuil par le nord-est et par le sud-ouest. Sur l'Avre, une autre division s'empare de Morisel, tandis qu'au sud de Moreuil un bataillon traverse la rivière. Ainsi Moreuil, tourné par le nord et par le sud, tombe ; au sud de Moreuil, deux nouvelles divisions s'engagent alors, forcent le passage de l'Avre à hauteur de Braches et ouvrent la voie aux unités qui auront à mener la lutte sur les plateaux.

En fin de journée, les troupes françaises, progressant de 8 kilomètres environ, ont atteint la ligne Braches, La Neuville-Sire-Bernard, donnant la main aux Britanniques aux environs de Mézières.

Elles ont fait plus de 3.300 prisonniers, dont 3 commandants de régiment.

BATTERIE ALLEMANDE CAPTURÉE PAR LES BRITANNIQUES ET IMMÉDIATEMENT
RETOURNÉE CONTRE L'ENNEMI.
La 3e pièce est encore pointée contre les lignes alliées.

« *C'est*, écrira Ludendorff, *le jour sombre de l'armée allemande, le plus sombre de toute la guerre, exception faite du 15 septembre qui vit la défection bulgare et scella les destinées de la Quadruple Alliance.* »

UNE POSITION D'ARTILLERIE ALLEMANDE DANS UN CHEMIN CREUX.

Du 9 au 12 août.

Les 9 et 10 août, la poussée britannique et la savante manœuvre française se développent.

LA PROGRESSION BRITANNIQUE.

Entre Albert et la route d'Amiens à Roye, les Canadiens et les Australiens de l'armée Rawlinson, sans laisser le temps à l'ennemi d'organiser sa résistance, progressent de plusieurs kilomètres, enlèvent, du sud au nord, Bouchoir, Méharicourt, Rosières, Lihons, Proyart.

Au nord de la Somme, en collaboration avec des troupes américaines, elles emportent la position de Morlancourt, le village et le plateau au sud-est où l'ennemi se cramponnait avec la dernière énergie.

L'ensemble de la progression des Alliés du 8 août matin (ligne interrompue) au 8 août soir (ligne intermédiaire), puis au 12 août (ligne pleine).

Le 11, malgré une vive résistance, les Britanniques atteignent le front Dernancourt, carrefour à 1.500 mètres à l'ouest de Bray, Chilly, Fouquescourt, les abords ouest de Villers-les-Roye.

Le 12, ils chassent définitivement l'ennemi de Proyart ; le 13, ils sont aux lisières de Bray-sur-Somme, et au carrefour de Chuignolles ; le front est reporté alors sur les vieilles lignes allemandes de la bataille de la Somme de 1916. Sur ce front, l'ennemi, disposant de points d'appui solides, va s'accrocher et résister. Mais en 5 jours les Britanniques ont remporté une belle victoire : 13 divisions britanniques et un régiment américain de la 33e D. I., 3 divisions de cavalerie et 400 tanks ont battu 20 divisions allemandes, leur ont pris 22.000 hommes, 400 canons et ont enlevé une profondeur de terrain de 20 kilomètres.

LA MANŒUVRE FRANÇAISE. — LIBÉRATION DE MONTDIDIER.

De son côté, le général Debeney continue, par des mouvements de débordement successifs, à faire tomber des portions entières des positions allemandes, sans avoir à les aborder de front.

Prolongeant sans cesse ses attaques le long de l'Avre, il dégage les abords de la rivière au nord et au nord-est jusqu'à son confluent avec le ruisseau des Doms et resserre de proche en proche la menace qu'il fait peser par le nord-est sur Montdidier.

LA CAVALERIE BRITANNIQUE ENGAGÉE AUX ENVIRONS D'ALBERT.

Le 9 août, il a porté sa ligne jusqu'à la station d'Hangest-en-Santerre, sur la voie ferrée d'Albert à Montdidier par Rosières.

Pour obliger l'ennemi à lâcher Montdidier, qu'il ne veut pas aborder de front, le général Debeney, vers 16 heures, entreprend de le déborder par le sud ; il lance une attaque limitée en direction de Roye, entre Domelieu et le Ployron ; il atteint le soir la gare de Montdidier et Faverolles, sur la ligne de Montdidier à Roye.

Pendant toute la journée, l'aviation a pu bombarder cette dernière ville sans être gênée par l'aviation ennemie, ni par la défense contre avions.

Le 9 au soir, l'armée Debeney a fait 5.000 prisonniers au total. De Faverolles, ses fantassins menacent de joindre ceux qui ont progressé au nord par Davenescourt et de couper la retraite aux Allemands de Montdidier.

Ceux-ci évacuent la ville hâtivement, en désordre, dans la nuit du 9 au 10 et dans la matinée du 10, n'y laissant que quelques officiers mitrailleurs chargés d'enrayer le plus longtemps possible l'avance française.

Le 10 août, en dépit de ceux-ci, les troupes pénètrent dans les ruines de la ville, à midi, et s'avancent rapidement à l'est, dépassant Fescamps, de part et d'autre de la route de Roye ; au soir, elles ont atteint la ligne Villers-les-Roye (où elles rejoignent les Britanniques), Grivillers.

Le 11, elles prennent le parc et le village de Tilloloy. **Le 12 au soir,** elles ont fait 8.500 prisonniers, dont 181 officiers et 3 colonels, pris 250 canons dont 25 de gros calibre, de nombreux minenwerfer, plus de 1.600 mitrailleuses et un matériel considérable.

Un sergent australien examine une mitrailleuse allemande capturée, une demi-heure auparavant, par la 15ᵉ brigade et déjà étiquetée pour être envoyée au Musée australien de la guerre. — Près de Warfusée-Abancourt, le 8 août. L'infanterie de la 1ʳᵉ division australienne progresse vers Harbonnières après qu'un tank a nettoyé une ligne de mitrailleurs ennemis qui l'arrêtait (9 août).

Les abris de cette ligne de mitrailleurs, si différents des puissantes organisations de la guerre de tranchées et qui ne purent être maîtrisés cependant que par un tank.

Les Australiens, dans une tranchée allemande, près de pièces de campagne qu'ils viennent de conquérir (août 1918).

Camions britanniques dans Villers-Bretonneux (17 août 1918).

II. — L'OFFENSIVE BRITANNIQUE AU NORD DE LA SOMME ET L'OFFENSIVE FRANÇAISE ENTRE OISE ET AISNE
18-29 août.

La première phase de la bataille de Picardie était close. Mais un grand effort nouveau se prépare entre la Somme et la Scarpe.

L'attaque des armées Mangin et Humbert, entre Oise et Aisne, du 18 au 23 août.

Déjà, entre Aisne et Oise, l'armée Mangin a été lancée à la conquête des plateaux. Partie à l'attaque **le 18 août**, elle borde l'Ailette le 23. *(Croquis ci-contre.)*

Suivant cette progression, l'armée Humbert reprend violemment l'offensive **le 21**, conquiert les pentes nord du Plémont, franchit la Divette, occupe Lassigny. *(Croquis ci-contre.)*

Par leur avance, ces deux armées menacent la droite de la XVIIIe Armée allemande accrochée sur la ligne Chaulnes-Roye.

En même temps, l'armée Byng, entre l'Ancre et Croisilles, et la gauche de l'armée Rawlinson, au nord de la Somme, attaquent. *(Croquis ci-dessous.)*

Le 21 août, à l'aube, les 4e et 6e corps de l'armée Byng partent à l'assaut, entre Miraumont et Moyenneville.

Très brillamment, les troupes britanniques, appuyées par des tanks, enlèvent les avancées des défenses ennemies.

La lutte est particulièrement vive aux abords d'Achiet-le-Grand et du bois Logeast, la progression continue, méthodique ; la voie ferrée d'Arras a Albert, ligne principale de défense de l'ennemi, est atteinte, 2.000 prisonniers sont faits.

Après cette attaque préparatoire, l'offensive est déclenchée **le 22 août** sur un front de 53 kilomètres, entre Lihons et Mercatel.

Au sud de la Somme, le corps australien enlève Herleville, Chuignes et fait 2.000 prisonniers, la gauche de l'armée Rawlinson passe l'Ancre, enlève Albert, porte sa ligne sur les collines à l'est de la route Albert-Bray, capture 2.400 prisonniers.

Le coup le plus rude est donné plus au nord par l'armée Byng. Dépassant la ligne principale de défense (la voie ferrée Arras-Albert), les 6e et 4e corps enlèvent Gomiécourt, Ervillers, Boyel-

L'attaque des armées Byng et Rawlinson, entre Somme et Scarpe, du 21 au 29 août.

les avec une grande quantité de canons, font plus de 5.000 prisonniers, et poussent sur Bapaume et Croisilles. A cheval sur la route Arras-Bapaume, le 6ᵉ corps se rabat sur Bapaume et menace d'encercler les Allemands cramponnés aux crêtes de Thiepval, qui, attaqués en même temps plus au sud, succombent. Bray-sur-Somme est enlevé.

La bataille continue du 25 au 29.

La résistance augmente, l'ennemi contre-attaque, oppose sur cet ancien champ de bataille de 1916, au terrain semé d'obstacles, une défense désespérée.

Le 29, Bapaume tombe.

Les Allemands se replient du nord de Bapaume à la Somme, sur le front Cléry, Combles, Frémicourt, Bullecourt, Heudecourt.

Menacé à la fois au nord de la Somme par les armées britanniques et sur les rives de l'Oise par les armées françaises, l'ennemi commence son repli dans la boucle de la Somme, talonné de près par Rawlinson, Debeney et Humbert ; il se retire sur la rivière de Péronne à Ham.

Chaulnes et Nesle sont occupés par les Alliés.

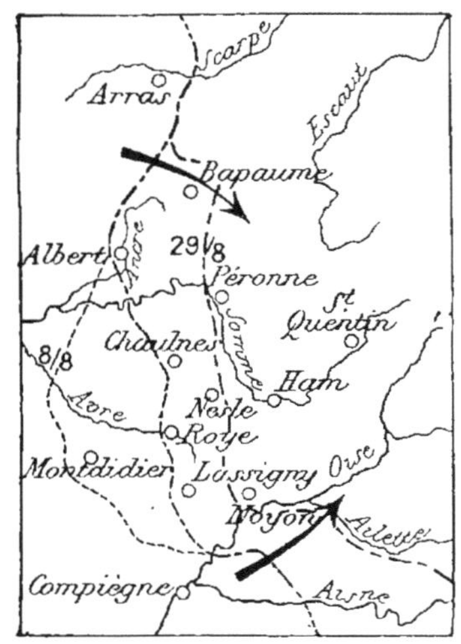

Le repli allemand dans la boucle de la Somme sous la double menace française et britannique.

« Sur le sol même qui avait vu la grandeur de leur acharnement dans leur défensive, écrit le maréchal Haig, *les troupes britanniques se portèrent à l'attaque avec une vigueur inlassable et une inébranlable détermination que ni l'extrême difficulté du terrain, ni la résistance obstinée de l'ennemi ne purent ni briser ni diminuer. »*

CANON A LONGUE PORTÉE CAPTURÉ PAR LES AUSTRALIENS, A PROYART.

Occupation de la 2e ligne allemande vers Albert.
La gare d'Albert, quelques instants après le départ des Allemands.
Voie ferrée détruite par les obus britanniques au cours de l'avance sur Bapaume.
Photo ci-dessus :
Vue d'Albert prise de l'intérieur de la Basilique, le jour de la libération de la ville.

III. — LES OFFENSIVES SUR LA SCARPE ET SUR L'AILETTE

25 août - 8 septembre.

Mais la bataille continuait en s'élargissant. Le maréchal Foch poursuit inlassablement son plan offensif. Il écrit au maréchal Haig : « *Poursuivez vos opérations sans laisser de répit à l'ennemi et en étendant la largeur de vos*

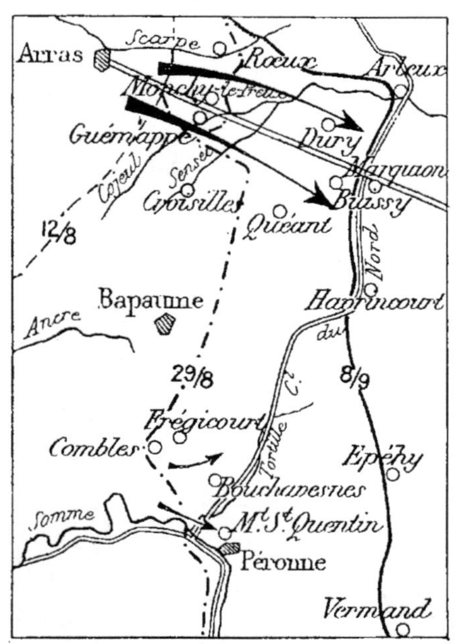

actions. C'est cette étendue croissante d'une offensive nourrie par derrière et fortement poussée en avant, sans objectif limité, sans préoccupation d'alignement et d'une liaison trop étroite qui nous donnera les plus grands résultats avec les moindres pertes... Les armées du général Pétain vont repartir immédiatement dans le même style. »

En même temps que l'armée Mangin s'apprête à rompre le front ennemi entre l'Aisne et Saint-Gobain, l'armée Horne, sur la Scarpe, attaque le saillant formé à l'est d'Arras.

Dès le 25 août, le corps canadien, à cheval sur la Scarpe, et la gauche de l'armée Byng avaient enlevé les positions difficiles de Monchy - le - Preux, Guémappe, Rœux et porté leur ligne au contact de la redoutable position de Quéant-Drocourt, rameau de la ligne Hindenburg.

Le 2 septembre, le corps canadien se porte à l'assaut, progresse rapidement le long de la route Arras-Cambrai, pénètre de 10 km. dans les lignes allemandes et atteint Buissy.

Au centre, les Australiens dans la nuit du 30 au 31 août se sont jetés fougueusement à l'assaut en pleines ténèbres et ont enlevé le bastion formidable de Mont-Saint-Quentin. Le 1er septembre, après des combats sanglants, ils pénètrent dans Péronne. Pour flanquer cette attaque au nord de la ville, Bouchavesnes, Frégicourt sont enlevés.

Plus au sud, sur les bords de l'Oise, l'armée Humbert, en dépit d'une résistance tenace, avait conquis Noyon et les hauteurs qui, à l'est, dominent la ville. Partant de l'Ailette, la gauche de l'armée Mangin se portait vers Chauny jusqu'aux lisières de la forêt de Saint-Gobain dans les anciennes lignes de mars 1918.

Débordés au nord, en direction de Cambrai, et au sud sur les rives de l'Oise, en direction de La Fère, attaqués en même

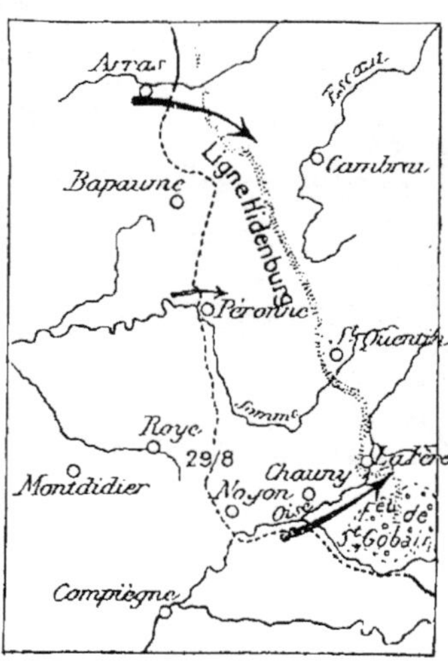

temps fortement, au centre, à Péronne, les Allemands reculent vers les positions Hindenburg. Les armées britanniques et françaises refoulent les arrière-gardes ennemies qui ne peuvent s'accrocher sur la ligne de la Tortille et du canal du Nord.

Le 8 septembre, le front allié passe à l'ouest d'Arleux, de Marquion, à Havrincourt, Epehy, Vermand, puis suit le canal Crozat.

IV. — LES OFFENSIVES DANS LES AVANCÉES
DE LA LIGNE HINDENBURG
10-25 septembre.

Les Allemands sont arrivés dans les avancées de leur fameuse position Hindenburg, constituées par les anciennes lignes britanniques perdues en mars, positions formidables qui couvrent le rempart réputé imprenable de la ligne Hindenburg.

Entre Havrincourt et Holnon, les 3e et 4e Armées britanniques (Byng et Rawlinson) attaquent dès **le 10 septembre**.

La 4e Armée enlève Vermand, les lisières ouest des bois d'Holnon, et pénètre dans Epehy et Jeancourt. **Le 13**, après des combats ardents, elle s'empare des bois et du village d'Holnon.

La 3e Armée britannique franchit le canal du Nord au sud de la route Bapaume-Cambrai, déborde les positions d'Havrincourt à Gouzeaucourt, qui sont emportées en grande partie. La lutte est âpre, l'ennemi s'accroche désespérément.

Au même moment (12 septembre), la 1re Armée américaine enlevait tout le saillant de Saint-Mihiel, avec 15.000 prisonniers et 200 canons. (*Voir le Guide illustré* : **Le saillant de Saint-Mihiel.**)

Le 18, une attaque générale est déclenchée par les armées Byng et Rawlinson en liaison avec l'armée Debeney. Toutes les positions entre Gouzeaucourt et Holnon sont emportées avec 10.000 prisonniers et 150 canons.

Au sud, l'armée Debeney a pris, par surcroît, le front de la 3e Armée (Humbert) ; celle-ci a appuyé dans la zone de la 10e Armée, retirée du front par suite du raccourcissement de celui-ci et transportée en Lorraine en prévision d'une offensive future.

L'armée Debeney, étendue jusqu'au sud de l'Oise, attaque et après avoir enlevé l'épine de Dallon, Castres et Essigny-le-Grand, borde la vallée de l'Oise, de Vendeuil à La Fère.

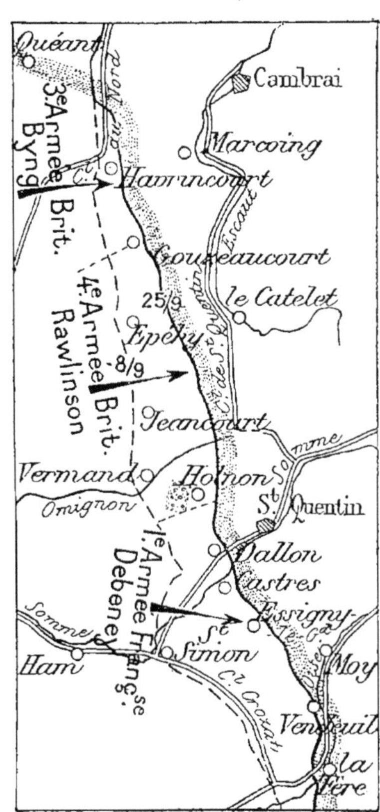

Après la tourmente. — La vie dans les ruines.
Méharicourt, entre Chaulnes et Caix, en 1919.

L'ennemi est désorganisé, usé, fatigué, dans l'incapacité d'exécuter une contre-offensive.

Pour se soustraire à cette bataille continuelle qui l'épuise, il a cherché à se réfugier dans des positions qu'il estime imprenables, et à l'abri desquelles il espère pouvoir se réorganiser, se reposer, se constituer des réserves.

C'est pour lui une impérieuse nécessité, car du 15 juillet au 25 septembre il a envoyé à la bataille 163 divisions, dont 75 ont été engagées deux ou trois fois.

Le 26 septembre, malgré une réduction de front de près de 200 kilomètres, il doit maintenir en ligne presque le même nombre de divisions qu'au 15 juillet, parce que leurs effectifs et leur valeur combative sont très amoindris.

De plus, il n'a réussi à conserver ces effectifs qu'en dissolvant déjà 10 divisions, en ramenant dans une cinquantaine d'autres les bataillons de 4 à 3 compagnies, en rappelant des usines un grand nombre de sursitaires pour ne pas entamer la classe 1920, sa dernière ressource.

De toutes parts les armées alliées sont en contact avec la position Hindenburg, prêtes au grand assaut des lignes réputées imprenables, d'où les Allemands se sont élancés le 21 mars pour leur victoire certaine.

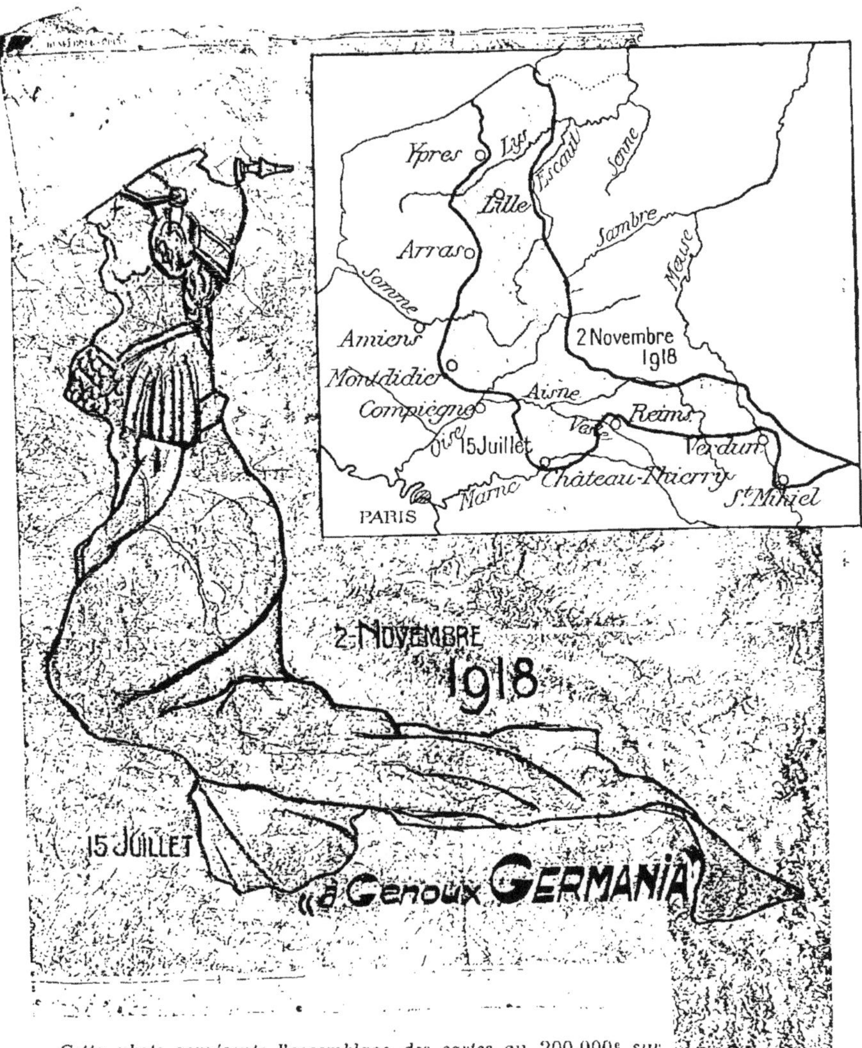

*Cette photo représente l'assemblage des cartes au 200.000ᵉ sur
lesquelles l'État-Major du 20ᵉ corps traçait chaque jour le front.
En renforçant les deux lignes du 15 juillet et du 2 novembre, conservées
très exactement, et en ajoutant quelques traits à l'intérieur et la pointe du casque, un
dessinateur de l'État-Major a obtenu cette très curieuse figure de Germania agenouillée.
Le croquis permet de reconnaître facilement les saillants d'Ypres et d'Arras, la poche
de Montdidier, et celle de Château-Thierry que coupe la Vesle, les saillants de Reims
et de Verdun, la hernie de Saint-Mihiel.*

En six semaines, sans trêve, sans répit, les Alliés, par des attaques répétées et conjuguées, ont réduit la poche que l'invasion germanique avait creusée de Saint-Quentin au delà de Montdidier et d'Albert.

Le dénouement est proche. Bientôt les Allemands seront contraints à implorer l'armistice pour se dérober à un désastre militaire sans précédent.

AMIENS PENDANT LES OFFENSIVES ALLEMANDES DE 1918.
L'incendie des Usines Saint Frères (23 avril 1918).
Les quais de la Gare du Nord en mai 1918. — Un magasin de la Gare des marchandises.
Un bâtiment des Usines Saint Frères. — La rue de la Hotoie.
La rue des Jacobins et le passage du Commerce qui la reliait à la rue des Trois Cailloux.
Gravure extraite du Guide illustré : **Amiens avant et pendant la guerre.**

POUR VISITER AMIENS,
centre des Itinéraires décrits vers Bapaume et Péronne (LES BATAILLES
DE LA SOMME), et vers Montdidier et Compiègne (LES BATAILLES DE
PICARDIE), consulter le *Guide illustré :*

AMIENS avant et pendant la guerre.

Sur la Grande-Place de Péronne : canons pris aux Allemands en 1918.
Gravure extraite du Guide illustré : **Les batailles de la Somme.**
Voir la carte de la page 56.

Roye. — La Place d'Armes en 1917, après le recul des Allemands.
Gravure extraite du Guide illustré : **Noyon-Roye-Lassigny.**
Voir la carte de la page 56.

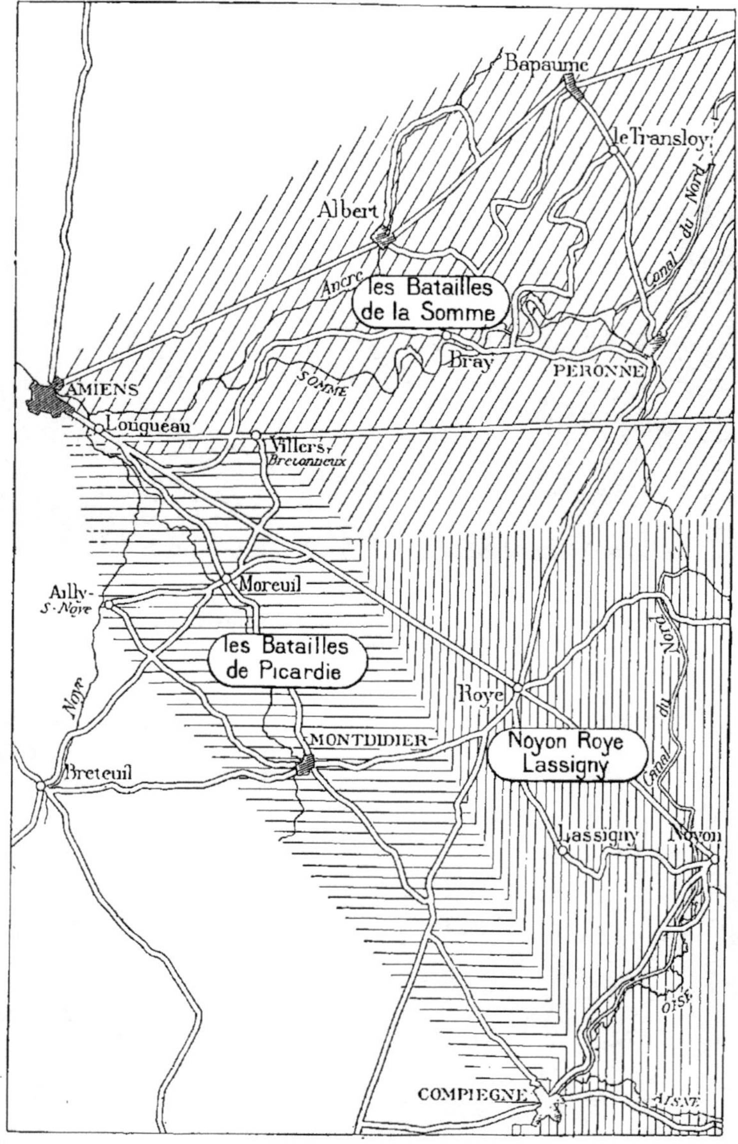

LA VISITE DES CHAMPS DE BATAILLE

Les opérations qui se sont déroulées sur la Somme et en Picardie sont exposées dans 3 Guides illustrés :

Les batailles de Picardie ;

Les batailles de la Somme ;

Noyon - Roye - Lassigny.

La carte ci-dessus indique sommairement les régions décrites et les itinéraires tracés dans chacun de ces ouvrages.

ITINÉRAIRE D'AMIENS A COMPIÈGNE

Déjeuner à Montdidier.

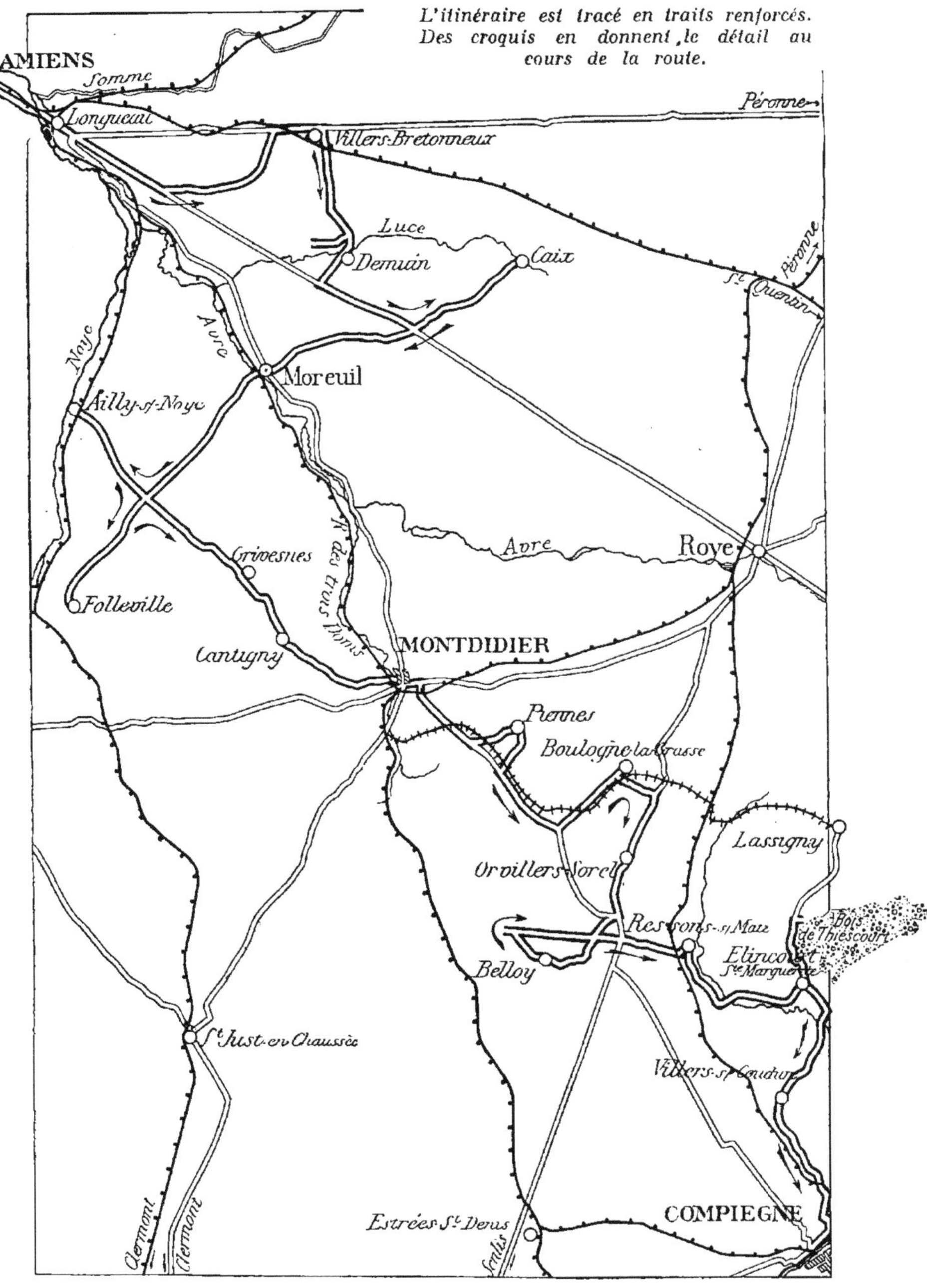

D'AMIENS A COMPIÈGNE

Voir l'itinéraire page 57.

D'Amiens à Villers-Bretonneux, par Longueau, Gentelles, Cachy.

On quitte Amiens par la sortie V du Guide Michelin (rue Jules-Barni, Chaussée Périgord, N. 35) ; on traverse deux passages à niveau qui peuvent être évités en prenant, à droite, des passages en dessous et on arrive à **Longueau.**

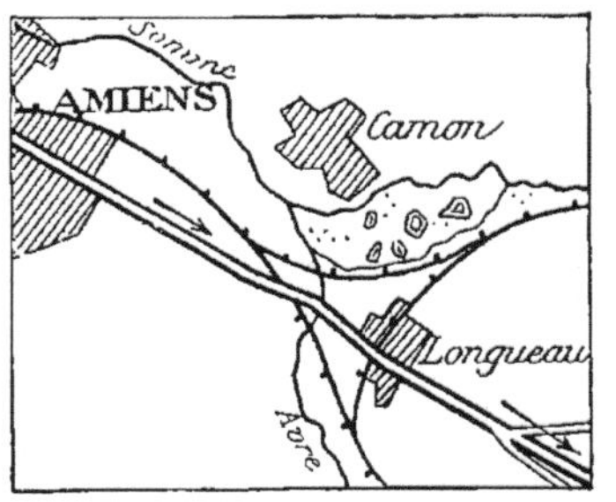

Entre Amiens et la traversée de l'Avre, avant Longueau, la route est parallèle à la rive gauche de la Somme, dont la vallée est occupée par les jardins maraîchers dits « hortillonnages », surtout aux environs de Camon.

Jadis, dans cette vallée de la Somme, tous les seigneurs riverains en amont d'Amiens se réunissaient une fois par an pour faire la chasse aux cygnes ; l'usage a disparu depuis le XVIIIe siècle, le braconnage ayant détruit les cygnes.

C'est à Longueau que les voies romaines d'Amiens à Reims et à Saint-Quentin traversaient l'Avre ; des pierres tumulaires de l'époque gallo-romaine furent exhumées au premier pont de Longueau pendant les travaux de 1848. Le village, mis à contribution par les Ligueurs en 1590, fut brûlé en 1636 par les Espagnols.

En sortant de Longueau, laisser à droite la route de Montdidier et suivre tout droit la route de Roye sur 4 km. 500, puis prendre la deuxième route à gauche, vers Gentelles. (Croquis p. 59.)

De chaque côté de cette route on peut voir d'anciennes positions de batteries, des abris et des tranchées. A droite, le bois de Gentelles.

On traverse **Gentelles** *qui est complètement détruit.*

A 1.500 mètres de Gentelles, on rencontre un monument aux combattants de 1870 qui est en partie détruit. *(Photo ci-dessous.)*

MONUMENT
AUX
MORTS
DE 1870.
*A l'entrée
de Cachy
en venant de
Gentelles.*

RUINES DE
L'ÉGLISE
DE CACHY.

On laisse le monument à droite et l'on entre dans **Cachy** qui ne présente plus que des ruines. En sortant de Cachy, on arrive à une bifurcation où l'on prend la route du milieu. Elle passe entre le bois d'Aquenne et le bois l'Abbé dans lesquels on trouve des tranchées avec réseaux de fils de fer barbelés et des abris et l'on arrive à la route directe d'Amiens à Villers-Bretonneux (G. C. 201) que l'on prend à droite.

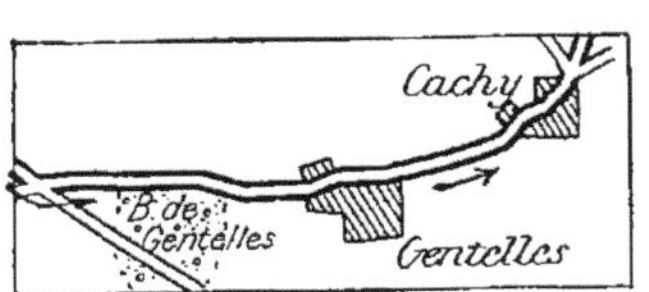

Après avoir passé au-dessus du chemin de fer, on entre dans **Villers-Bretonneux**.

LE VILLAGE ET L'ÉGLISE DE VILLERS-BRETONNEUX.

L'ÉGLISE DE VILLERS-BRETONNEUX EN MAI 1918.

Villers-Bretonneux est un ancien village rural que l'industrie a transformé en petite ville ; la plupart des monuments et des maisons étaient modernes ; il est en ruines aujourd'hui. (*Voir page* 61.)

De Villers-Bretonneux à Moreuil,
par Demuin, la Côte 104, Mézières, Villers-aux-Erables.

Voir le croquis, page 62.

On sort de Villers-Bretonneux en prenant, à droite, la route de Demuin (G.C. 23.)

Sur la route, à 1 kilomètre au delà de la voie ferrée, près du carrefour du chemin qui mène à Cachy, on aura, de la Côte 98, à proximité d'un cimetière franco-britannique, une vue panoramique du champ de bataille de Villers-Bretonneux (Photo p. 61).

L'église de Villers-Bretonneux en novembre 1918.

Une rue de Villers-Bretonneux après la reprise du village.

Cimetière franco-britannique près de la Cote 98. Au fond, Villers-Bretonneux.

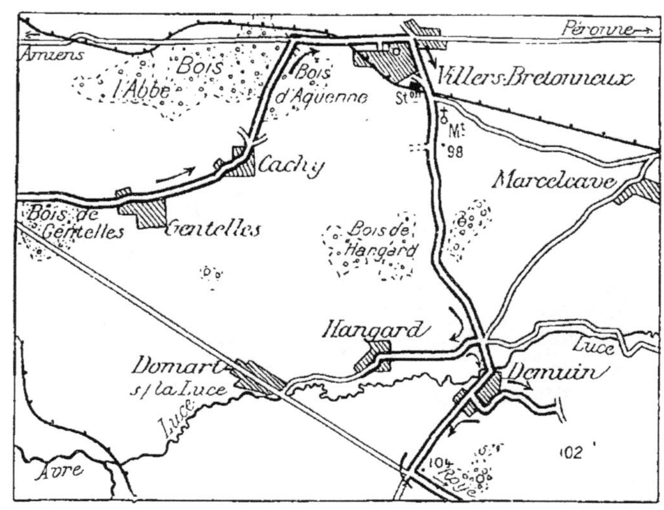

La bataille d'Amiens en 1870.

C'est autour de Villers-Bretonneux que se livra, le 27 novembre 1870, une partie de la bataille dite d'Amiens, entre les Prussiens et l'armée française du Nord.

Les troupes françaises, 10.000 hommes environ, commandées par le général Farre, s'échelonnaient depuis la voie ferrée, entre Villers-Bretonneux et Marcelcave, jusqu'à Cachy et Gentelles, sur les hauteurs qui dominent les vallées de la Luce et de l'Avre.

L'armée prussienne de Manteuffel, bien supérieure en hommes et en artillerie, déboucha par la vallée de la Luce et par les routes de Péronne et de Roye à Amiens, et la bataille s'engagea d'abord aux deux ailes.

Les Prussiens s'emparèrent d'une partie de Cachy et approchèrent de Gentelles, mais des troupes de la 1re brigade du général Lecointe dégagèrent Gentelles, refoulèrent l'ennemi vers la Luce, après que le 4e bataillon du Nord eut brillamment enlevé le bois de Domart. Dans Cachy, qu'un bataillon du 43e de ligne avait héroïquement défendu, et que la 1re brigade avait partiellement abandonné après de lourdes pertes, des tirailleurs, le 20e bataillon de chasseurs et le 9e bataillon de mobiles rejetèrent vivement les Prussiens.

Malheureusement, de Cachy à Villers-Bretonneux, la ligne française, trop faible, ne put contenir l'ennemi. Dans l'après-midi, autour de Villers, la lutte très vive commença à tourner à l'avantage de l'ennemi, la garde mobile céda du terrain, obligeant les troupes de ligne à se replier. Aux 40 canons des Prussiens, les Français n'opposaient que 4 batteries de 4, et ces batteries manquaient de munitions. Une batterie prussienne, qui avait pu prendre position dans le voisinage de Cachy, battit la ligne adverse d'enfilade. Dans Villers-Bretonneux, des détachements d'infanterie de marine livrèrent un violent combat de rues et ne cédèrent que pas à pas.

Très éprouvé, l'ennemi ne put inquiéter la retraite française vers Corbie et Amiens.

Un monument a été élevé à Villers-Bretonneux, au sud et près de la voie ferrée, à la mémoire des soldats français tués dans cette bataille. De furieux combats se sont livrés en 1918 autour du monument qui, maintenant, est complètement démoli.

PRISONNIERS ALLEMANDS ARRIVANT A VILLERS-BRETONNEUX *(Août 1918)*.

Les batailles de 1918.

Autour de Villers-Bretonneux se livrèrent encore, de fin mars à août 1918, de longs et violents combats pour la possession d'Amiens. Le champ de bataille est un plateau occupé du nord-est au sud-ouest par Villers-Bretonneux, le bois l'Abbé, Cachy et Gentelles. Ce plateau est la dernière position dominante devant Amiens. De Villers-Bretonneux, qui est sur la grande route de Saint-Quentin à Amiens, à 17 kilomètres de cette dernière ville, le terrain descend régulièrement vers la grande ville picarde et le confluent de l'Avre et de la Somme.

A partir du 28 mars, ce plateau est tenu par les divisions australiennes, les fameux Anzac, qui s'y couvriront de gloire et barreront la route aux Allemands. Ceux-ci, dès le début d'avril, s'efforcent de déborder Villers par le nord et par le sud sans grand succès. Le 24, ils font un grand effort ; après l'avoir bombardé toute la nuit du 23 au 24 par explosifs et par obus à

LE « CRUCIFIX-CORNER », CIMETIÈRE FRANCO-BRITANNIQUE.
Route de Villers-Bretonneux à Demuin.

Ruines de Hangard. *A droite, l'église.*

gaz, ils lancent 4 divisions, soit 50.000 hommes, appuyées par 5 tanks à 3 canons et tourelle centrale, sur le front Fouilloy-Cachy, long de 5 kilomètres à peine. De 7 à 10 heures du matin, dans la brume, les vagues d'assaut déferlent sans arrêt. Vers 11 heures, les Britanniques sous une poussée plus forte cèdent et les Allemands pénètrent dans Villers par le nord et par le sud.

Cramponnés aux approches ouest du village, les Britanniques empêchent, tout l'après-midi et toute la nuit du 24 au 25, l'ennemi de déboucher ; leur artillerie rend la position presque intenable ; les Allemands ne peuvent maintenir dans les ruines, dans les caves ou sous les décombres des maisons, que deux bataillons. Le 25, dans la soirée, pendant que les troupes françaises de la division marocaine reprennent le monument au sud de la voie ferrée de Villers, une brigade australienne et une brigade britannique débouchent

L'entrée de Demuin.

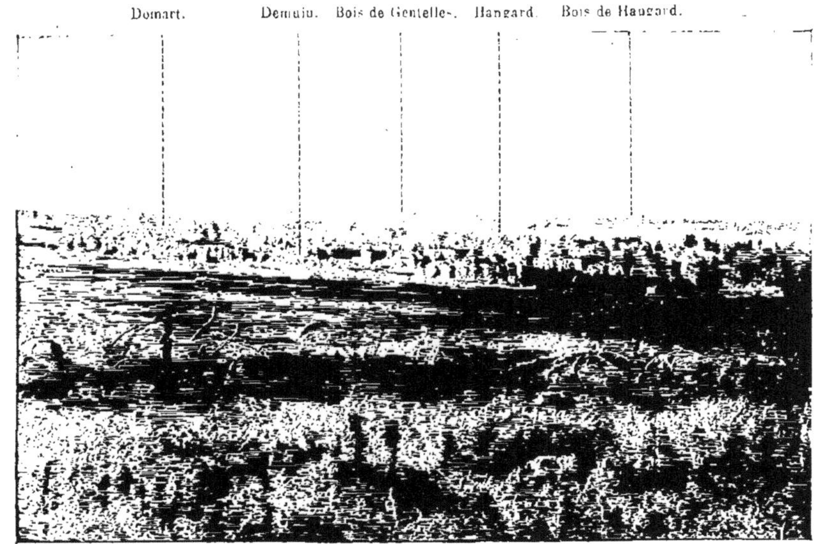

PANORAMA PRIS DE LA COTE 102.

du bois l'Abbé et, par le ravin au nord de Villers, par le bois d'Aquenne et la station au sud, encerclent le village, le reprennent dans une lutte corps à corps et à la grenade qui dure toute la nuit, capturent un tank à trois canons, cueillent plus de 700 prisonniers.

Au sud-ouest, vers Cachy et Gentelles, l'échec ennemi est aussi net ; le 24, une vraie bataille de tanks se livre près de Cachy ; les tanks allemands mis en fuite, Cachy est réoccupé. Les 4 divisions allemandes ont perdu la bataille et ont laissé le terrain, surtout aux abords de Villers, devant la station du chemin de fer et autour du monument, couvert de cadavres.

Le 2 mai, de vifs combats se livrèrent à nouveau aux abords du monument. Au cours des semaines suivantes, l'ennemi renonce à attaquer ; les troupes australiennes, par une série de petites opérations, se donnent de l'air au nord-est de Villers-Bretonneux et entre Villers et la Somme. Dans la nuit du 23 au 24 mai, l'ennemi bombarde violemment Villers et, le 25, il tente une fois encore un gros effort au sud du village, sans succès.

On suit le G. C. 23 *qui passe à proximité du* BOIS DE HANGARD *dont les arbres brûlés par les gaz, déchiquetés par la mitraille, ne présentent plus que des troncs decharnés. (Voir carte page 62.) Puis on descend du plateau sur* **Demuin** *que l'on aperçoit au fond de la vallée de la Luce ; on rencontre à droite un vaste cimetière britannique. On peut alors tourner à droite et pousser jusqu'à* **Hangard**. (*Voir page 66 : les combats de Hangard.*)

Après la visite du village totalement dévasté, revenir par le même chemin à Demuin, en suivre la grande rue, et par la dernière rue du village monter en suivant le chemin indiqué par le croquis ci-contre à la COTE 102 *d'où on aura une très belle vue sur Demuin, la vallée de la Luce. Hangard, Domart et le bois de Gentelles. (Photo ci-dessus.)*

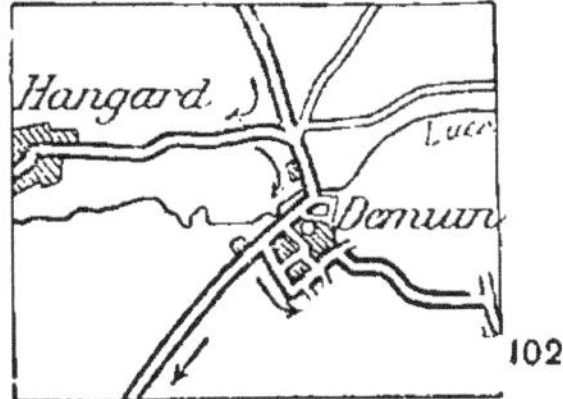

Revenir ensuite à Demuin pour reprendre le G. C. 23 *conduisant à la* **Cote 104.** (*Voir carte p. 66.*)

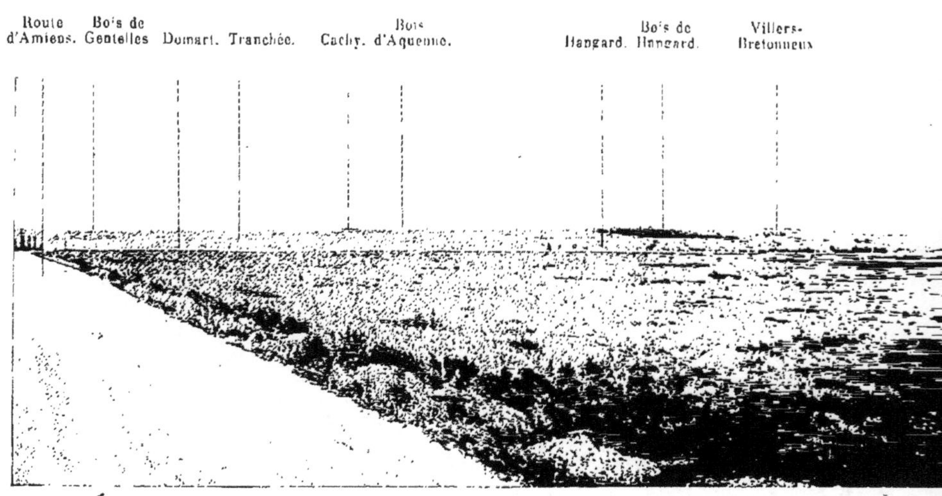

PANORAMA PRIS DE LA COTE 10

La Cote 104.

La Cote 104, au croisement de la route de Demuin à Moreuil et de la route de Roye à Amiens, commande les vallées de la Luce et de l'Avre.

Hangard et le bois de Hangard, que l'on voit au nord, ont été le théâtre de furieux combats en 1918. C'était une position capitale permettant de tenir le cours de la Luce, nécessaire aux Allemands pour consolider leur saillant de Montdidier-Moreuil et avancer au sud-est d'Amiens.

Dès le 27 mars, quelques éléments de l'armée Debeney, sous les ordres du général Mesple, sont poussés au sud de la Luce pour soutenir les Britanniques, qui tiennent la ligne Le Quesnel, Beaucourt, Cayeux, Guillaucourt, Proyart. Mais le 28, les Allemands emportent Guillaucourt, au nord de Cayeux, descendent dans les bois de la vallée de la Luce, refoulent les Britanniques dans la région de Cayeux ; pourtant, le groupement Mesple, sur les ordres du général Debeney, se maintient énergiquement sur le plateau de Caix - Le Quesnel, bien que découvert à gauche. Les premiers bataillons de la 22e D. I., aussitôt arrivés, sont dirigés sur Hangard et Domart au secours des Britanniques. Le 29, les Allemands assaillent Demuin sur la Luce et forcent les Alliés à abandonner Mézières et à se replier sur Moreuil et sur l'Avre.

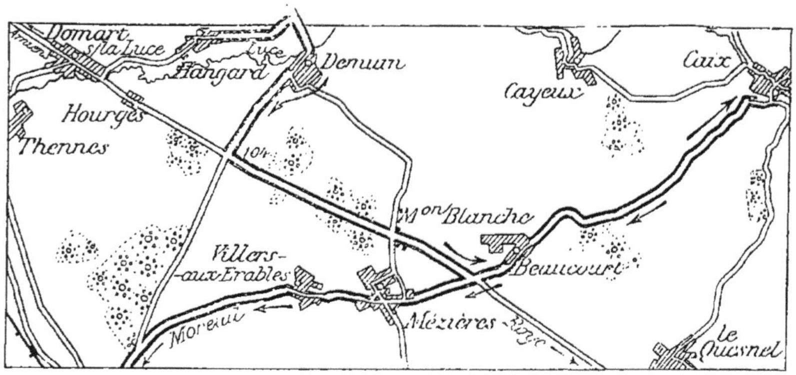

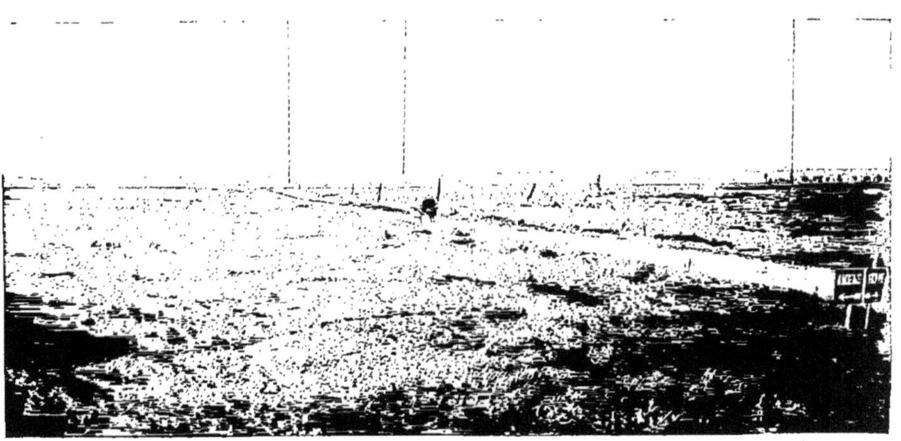

LA VALLÉE DE LA LUCE

Le 31, ils réussissent à pénétrer dans Hangard après de longs efforts ; dans la soirée et toute la nuit, ils cherchent vainement à élargir leurs gains vers l'ouest, les franco britanniques arrêtent tous leurs assauts et leur interdisent de déboucher du village où bientôt les troupes françaises rentrent dans une contre-attaque irrésistible. Le 4 avril, l'ennemi cherche à déborder Hangard par le sud et se jette sur la Cote 104 ; il en approche à 50 mètres, mais, arrêté net au pied de la butte, il reflue en désordre ; il essaye alors de s'infiltrer par les ravins, l'artillerie alliée l'y pourchasse et l'écrase.

Les 6 et 8 avril, la lutte reprend dans la région de Hangard, où la 29ᵉ D. I. tient bon ; le 9, Hangard, perdu, est repris, ainsi que le cimetière qui est à 200 mètres environ à l'est du village ; le 11, une nouvelle attaque allemande est lancée sur le front Hangard-Hourges ; arrêtés devant Hourges, les Allemands prennent pied dans Hangard où la lutte est acharnée. Le 12 au matin, ils cernent le château, pénètrent dans le bois de la Cote 104 et l'occupent en entier. Un seul bataillon français résiste dans le village à quatre bataillons allemands. Du côté d'Hourges, l'ennemi est contenu.

Dans le château de Hangard, le chef de bataillon français, cerné depuis 10 heures, tient bon encore à 18 h. 30 en dépit de tous les assauts. A la tombée du jour, une contre-attaque d'un bataillon français en liaison avec un bataillon britannique ramène l'ennemi, lui reprend le village et le château, le refoule dans le cimetière après lui avoir pris 127 hommes, 3 officiers, 15 mitrailleuses et avoir délivré 35 prisonniers. Le 15 avril, avant d'être relevée, la 29ᵉ D. I., qui a fait des prodiges pour sauver Hangard, tient à le libérer complètement ; une de ses compagnies enlève brillamment le cimetière. Le 19, une tentative allemande contre le village et dans le bois échoue. Le 24 avril, c'est encore autour de Hangard que la bataille est le plus acharnée. Il n'y a qu'un bataillon dans Hangard ; toute une division est jetée sur lui ; après s'être emparés du bois, les Allemands abordent le village par le nord et lancent par le sud une attaque sur la Cote 104, au pied de laquelle ils avaient été arrêtés le 4. Prise de flanc par les mitrailleuses françaises en position en avant de Thennes, cette attaque échoue et ne peut aborder ce dernier village, mais les Allemands s'obstinent contre Hangard. De 6 h. 30 à 16 h. 30, après sept assauts furieux, ils occupent le cimetière où une compagnie, cernée, tiendra toute la journée. Le chef de bataillon

MAISON-BLANCHE. *Tanks britanniques allant au combat.*

français, pressé de trois côtés par le nord, l'est et le sud, s'enferme dans le château et s'y défend énergiquement ; de 15 heures à 17 heures il envoie à trois reprises le message : « Je suis cerné dans Hangard, je tiens toujours. » A 18 heures, le château étant forcé, il est fait prisonnier avec un groupe de survivants ; profitant du désarroi causé par le bombardement français dans la troupe des gardiens qui l'emmènent, il s'échappe avec ses hommes et rentre dans le château où il se défend encore jusqu'à la nuit ; une dernière attaque le réduit enfin.

Malgré tous ses efforts, l'ennemi ne peut déboucher de Hangard pendant la nuit. Le 25, les Français passent à la contre-attaque, franchissent la Luce sur certains points, reprennent le hameau du Verger, Hangard et une partie du bois de Hangard et repoussent tous les retours offensifs des Allemands.

Le 26, le 4e régiment de la division marocaine achève de nettoyer le bois ; bien que l'attaque des troupes britanniques à sa droite ait échoué, un bataillon de légionnaires déborde la corne nord-est du bois, y pénètre, bientôt suivi d'un second bataillon ; des tanks britanniques entreprennent alors de réduire les nids de mitrailleuses allemands. Chassés du bois, les Allemands le soumettent à un bombardement terrible par 150 et 210, mais les Français ne lâchent pas le terrain. Les Allemands ont reculé de 2 kilomètres; deux de leurs divisions ont été bousculées; l'une, qui relevait l'autre, a été elle-même si éprouvée qu'elle devra être envoyée à l'arrière quarante-huit heures après. Le 28, les Allemands contre-attaquent vainement sur le bois, que les troupes françaises et les tanks britanniques achèvent de nettoyer. Par la suite, l'ennemi ne peut progresser dans cette région.

A la Cote 104, on prend à gauche la route de Roye (G. C. 203), on traverse MAISON-BLANCHE.

On prend ensuite le premier chemin à gauche (G. C. 28), on passe alors le long du château de Beaucourt dans le parc duquel se trouve un cimetière français, on traverse **Beaucourt** *et l'on continue la route sur* **Caix.** *(Voir carte page 66.)* Le long de la route on aperçoit des sapes, des positions de batterie et un cimetière allemand.

Caix est un bourg ancien ; on y a trouvé des objets de l'âge du bronze. L'église Sainte-Croix (M. H.), à mi-côte, est intéressante. Elle date des xve siècle (abside et chœur) et xvie siècle (nef, clocher, façade). Le clocher, très réputé, est à gauche et en avant de la façade. Il est carré et flanqué dans toute sa hauteur de contreforts surmontés de quatre tourelles en encorbellement, peu élevées, mais très fortes, et coiffées d'un toit en forme de cloche. Une porte ouvre sur sa façade ouest ; elle est en cintre surbaissé, avec archivolte en accolade, compliquée de pinacles appliqués.

Un large portail ouvre dans la façade. Il comprend une porte à deux vantaux, cintrée en anse de panier, surmontée de hautes arcatures ogivales formant tympan. Au premier étage, une élégante balustrade à jour rappelle celle de Tilloloy ; plus haut est une rosace d'un beau travail. La toiture a été refaite et modifiée après le terrible incendie d'avril 1768 qui détruisit presque tout le village de Caix. Le portail latéral sud est de 1530 ; la voussure qui encadre la porte est ornée d'un délicat cordon de vigne.

Dans la nef, les piliers, du XVIᵉ siècle, sans chapiteaux, sont garnis d'un dais remarquablement sculpté ; quelques dais ont été mutilés. Les consoles et les statues appliquées aux piliers ont malheureusement remplacé des consoles et des statues anciennes. Dans les collatéraux, les culs-de-lampe sur lesquels reposent les retombées d'ogives représentent des personnages, des lézards, des démons... Les piliers du chœur, avec leurs chapiteaux à feuillages, le transept et le sanctuaire, sont du XIVᵉ siècle. Le maître-autel a un retable. La chaire et le confessionnal, de style Renaissance, sont en bois sculpté. Les fonts baptismaux, qui ont disparu, étaient en pierre et richement décorés. Un grand bénitier, d'un modèle assez rare, en forme de cône tronqué, est orné de plusieurs cercles noirs.

Tous les zincs et tous les plombs ont été systématiquement arrachés par les Allemands pendant l'occupation de 1918. Les vantaux de bois de la porte d'entrée ont été

L'ÉGLISE DE CAIX.

enlevés. L'édifice a, de plus, beaucoup souffert du bombardement; la partie supérieure du clocher est écroulée, les vitraux sont détruits ; une partie de la corniche et la charpente du chevet sont ruinées. Le château fort de Caix fut brûlé en 1400 ; quelques vestiges à peine en ont subsisté.

Le village n'a pas beaucoup souffert des bombardements.

Caix fut pris par les Allemands le 28 mars 1918 et repris, ainsi que Beaucourt-en-Santerre, le 8 août au soir, dès le premier jour de l'offensive de Picardie, par les Britanniques.

On quitte le village par la route suivie à l'aller, mais après Beaucourt, on continue tout droit jusqu'à **Mézières** *où l'on prend, à droite, la deuxième rue conduisant à l'église. (Voir carte page 66.)*

Le village de Mézières fut abordé par les Allemands, le 28 mars 1918,

MÉZIÈRES. — L'ÉGLISE.

après le repli de l'armée britannique. Le 29, des éléments de la 133e division française qui défendaient Mézières, ne purent tenir contre les masses qui les assaillaient et les Allemands s'emparèrent du village.

Le 8 août, dès le début de l'offensive de l'armée Debeney, le village fut repris par la 42e D. I., pendant que la 37e D. I. progressait à l'est du bois de Genonville.

De l'église, on prend la rue de gauche, puis la première à droite (G. C. 28), *qui conduit à* **Villers-aux-Erables.** Ce village est presque complètement en ruines. Son château est éventré.

La route traverse ensuite le plateau sur lequel la 133e D. I. et la 4e division de cavalerie ralentirent si héroïquement la ruée des Allemands, du 26 au 28 mars 1918. On rencontre beaucoup de tombes et de tranchées.

VILLERS-AUX-ERABLES. — LES RUINES DU CHATEAU.

Moreuil.

On arrive alors à **Moreuil** ; ce bourg fut fortifié au Moyen-Age, mais des murailles il n'est rien resté ; le château seul a subsisté.

Pour s'y rendre, tourner à gauche à la troisième rue. (Croquis ci-contre.)

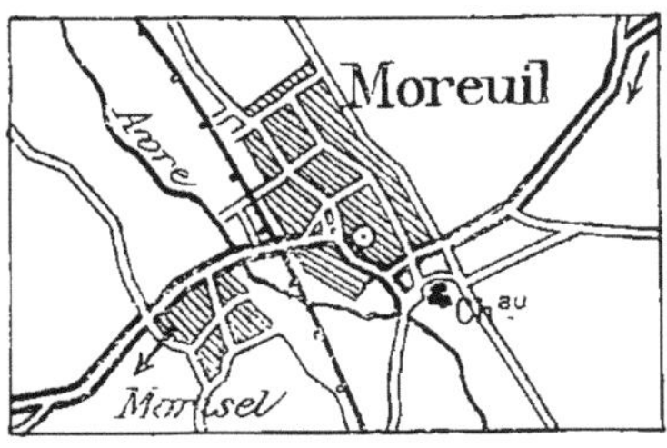

Il comprend les ruines de quatre bastions aux murs fort épais. Ce château avait été reconstruit au XIVᵉ ou au XVᵉ siècle, en remplacement d'un autre qui se trouvait peut-être près de l'église. En 1434, il fut assiégé et pris par les Anglo-Bourguignons ; en 1588, il fut occupé par les Ligueurs ; en 1636, pendant la funeste « année de Corbie », il fut pris par les Espagnols, auxquels les Français le reprirent bientôt. En 1791, comme le château de Mailly-Raineval, il fut pillé par le peuple ; d'anciennes pièces d'artillerie provenant du château sont conservées au Musée de Picardie, à Amiens.

L'habitation moderne, construite entre les deux tours de l'ouest, datait du règne de Louis XVIII ; elle est actuellement en ruines. *(Photo page 27.)*

Près de la chapelle du château avait été transportée une croix monumentale en pierre, qui était jadis devant le portail de l'église paroissiale.

Ce monument, du XIVᵉ siècle, se composait d'un piédestal formé de trois étages superposés, d'un fût et d'une croix, peut-être un peu moins anciens que le piédestal. Cette croix a disparu ; il ne reste plus qu'une partie du socle.

Faire demi-tour et suivre la rue tout droit jusqu'à l'église.

L'édifice est une ancienne église abbatiale d'un monastère bénédictin, située dans l'enceinte du château. Il a été reconstruit à l'époque contemporaine dans le goût du XVᵉ siècle, sauf la façade, qui est de la deuxième

L'AVRE, A MOREUIL.

L'ÉGLISE DE MOREUIL, AU DÉBUT DE LA GUERRE.

moitié du xvie siècle, du temps où les Créqui possédaient le lieu. Cette façade (M. H.), qui offre beaucoup de ressemblance avec celle de l'église Saint-Pierre à Montdidier, se compose de deux vastes porches qui en occupent toute la largeur et au-dessus desquels s'élevaient la tour quadrangulaire du clocher et le pignon de la nef.

Le portail de gauche comporte six voussures ogivales.

La troisième voussure, du dedans au dehors, est la plus ornée ; elle repose de part et d'autre sur une niche dont le socle est mutilé, mais dont le dais gothique est très beau ; elle comprend une série de dix sujets sculptés, abrités chacun par un dais ; vers le milieu du tympan est un très beau dais hexagonal, dont l'ornementation Renaissance

L'ÉGLISE DE MOREUIL, EN 1919.

est d'une extrême richesse.

Le portail de droite est une réplique en plus grand du portail de gauche.

Au-dessus des portails court une galerie flamboyante ; sa disposition, qui épouse une partie des contours supérieurs des portails, la rend originale et pittoresque.

A la base du clocher, sur la face nord, une belle fenêtre ogivale a un riche remplage du XVIe siècle.

L'édifice a été très endommagé pendant la bataille de 1918.

Le clocher est détruit.

Les porches sont très mutilés ; leurs parements ont été criblés par les balles et les éclats d'obus ; les moulurations des sculptures sont détruites.

L'intérieur est écroulé, les piliers sont restés seuls debout.

L'ÉGLISE DE MOREUIL.

Tourner ensuite à gauche par la rue qui descend sur l'Avre, le pont a été démoli en 1918 et remplacé par deux ponts de bois. On entre alors dans **Morisel** *que l'on traverse. (Voir croquis page 71.)*

DEVANT MOREUIL. CONSTRUCTION D'UN PONT SUR L'AVRE.

MAILLY-RAINEVAL. — VUE PRISE DE LA ROUTE ALLANT A LA COTE 103.

De Moreuil à Montdidier par Mailly-Raineval, Grivesnes, Cantigny.

A la sortie de Morisel, se trouve un grand cimetière allemand d'où l'on a une très belle vue sur Moreuil et la vallée de l'Avre.

On prend à gauche le G. C. 14 jusqu'à **Mailly-Raineval** *où l'on pénètre par un chemin à gauche en arrivant à la hauteur du village. (Carte page 77.)*

Le lieu s'appela d'abord Raineval ; il prit le nom de Mailly-Raineval en 1744 quand il fut devenu propriété de l'illustre maison de Mailly. Le château, qui est en ruines depuis 1879, avait été construit pour la plus

LES RUINES DU CHATEAU DE MAILLY-RAINEVAL.

MAILLY-RAINEVAL. — PANORAMA PRIS SUR LE VERSANT OUEST DE LA COTE 103.
A droite, l'église et le château. Au fond, le bois de l'Arrière Cour.

grande partie au XVIe siècle, sur l'emplacement d'un autre château détruit sous la Jacquerie. Il en subsiste une tour décapitée, datant de la fin du XIVe siècle et des substructions longues encore de 80 mètres, mais sérieusement détériorées par les bombardements, qui supportaient les trois étages d'une grandiose demeure. *(Photo page 74.)*

Le village est complètement en ruines.

La Cote 103.

En poursuivant 200 mètres plus loin, on arrive au pied d'un coteau que l'on pourra gravir à pied. C'est la **Cote 103.** *(Photo ci-dessus.)*

De la Cote 103 on aura vue sur Moreuil et le bois de Moreuil; sur Sauvillers, au sud-est, et le bois de l'Arrière Cour. *(Carte page 77.)*

Le 26 mars 1918, la 133e D. I., arrivée en camions, est jetée, avec la 4e division de cavalerie, pour couvrir les avancées de Moreuil et de l'Avre et se lier aux Britanniques, mais elle doit céder sous la poussée de forces très supérieures. Le 29, la 163e D. I., à peine débarquée, est chargée de défendre Moreuil, sous la direction du général commandant le 36e corps, formant la gauche de l'armée Debeney. La bataille, menée par deux divisions allemandes, commence dans la nuit du 29 au 30. Moreuil, le point le plus rapproché d'Amiens, est particulièrement convoité par l'ennemi ; les Canadiens s'y cramponnent avec les Français : deux fois repris, le village est deux fois reperdu ; l'ennemi finit par l'occuper, mais ne peut en déboucher après y avoir laissé la moitié de son effectif. Le 1er avril, les Britanniques, soutenus par les Français, contre-attaquent dans les bois au nord de Moreuil. *(Voir carte page 77.)*

Le 4 avril, un violent assaut allemand sur la rive gauche de l'Avre contre le 36e corps est deux fois repoussé, mais l'ennemi finit par prendre

Mailly-Raineval et le bois de l'Arrière Cour, Morisel et Castel au prix de lourdes pertes.

Le 5 avril, sous la direction du général Robillot, les troupes françaises réagissent et contre-attaquent, les 127e, 166e et 59e D. I. vers Mailly-Raineval, la 17e D. I. vers Moreuil. Elles rejettent l'ennemi du bois de l'Arrière Cour et reviennent jusqu'aux lisières de Mailly-Raineval. Devant Sauvilliers, où les chars d'assaut travaillent, elles progressent sur le plateau; à l'ouest de Catel, dans le bois de Sénecat, elles livrent un dur combat au cours duquel l'ennemi est refoulé et laisse plus de 100 prisonniers. Le 17 avril, les Français attaquent de Mailly à Castel, enlèvent la majeure partie du bois de Sénecat, pénètrent dans le bois du Gros Hêtre, atteignent presque les lisières de Castel, hérissées de mitrailleuses, et touchent au sud les hauteurs dominant l'Avre, après avoir fait plus de 650 prisonniers, dont 20 officiers. Un seul bataillon ce jour-là, lancé sur Castel gardé par cinq compagnies et deux compagnies de mitrailleuses du 389e allemand (un régiment d'assaut), avança de 1.100 mètres, enleva plusieurs ouvrages, prit 254 prisonniers, dont 10 officiers et 31 mitrailleuses.

Ce jour-là aussi, les chars d'assaut jouèrent un grand rôle dans la prise du bois de Sénecat ; un commandant de compagnie de chars, ayant pris la direction d'un char dont l'équipage avait été mis hors de combat, fonça sur Castel, y pénétra et, toujours mitraillant l'ennemi, revint dans les lignes françaises sans dommage; l'équipage d'un autre char, qui poursuivait une batterie de 77 en retraite, pénétra de plus de 500 mètres dans les lignes allemandes ; immobilisé par une panne soudaine, il sauta du char avec ses mitrailleuses, attendit l'attaque ennemie, la contint jusqu'à sa dernière cartouche, puis se replia. Le 24 avril, une tentative allemande échoue contre le bois de Sénecat.

Le 11 mai, une violente attaque allemande prend pied, un instant, dans les bois au sud-ouest de Mailly, mais des contre-attaques la rejettent, lui font plus de 100 prisonniers, lui enlèvent des mitrailleuses et du matériel. Le 12 juillet, les Français attaquent à leur tour dans la région de Castel et au sud-est de Rouvrel, prennent Castel et font 500 prisonniers à trois divisions allemandes. Le 23, ils s'emparent de Mailly, de Sauvillers et, plus au sud, d'Aubvillers, capturant 1.800 hommes, 54 officiers, 4 canons de 77,

MAILLY-RAINEVAL EN FLAMMES.

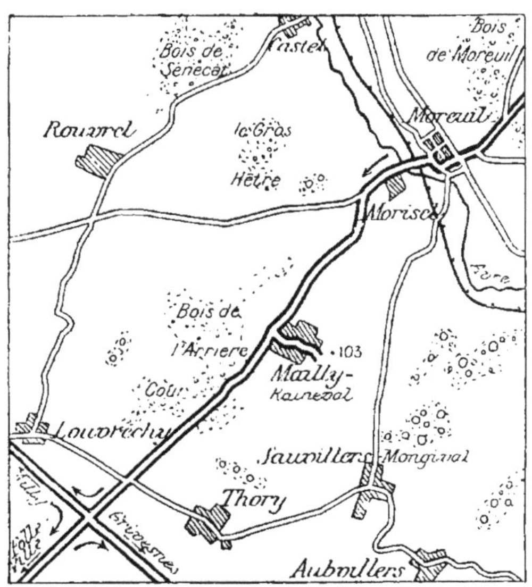

45 minenwerfer et 300 mitrailleuses. Le 8 août, l'offensive de l'armée Debeney délivre Morisel, et la 66e D. I. fait tomber Moreuil en le débordant par le nord et par le sud.

On revient ensuite à la route, que l'on poursuit.

On rencontre des tranchées, des sapes et des positions de batteries; on traverse la route de Louvrechy à Thory et l'on arrive à la route d'Ailly-sur-Noye à Montdidier. A ce carrefour, le touriste curieux d'archéologie peut, avant de tourner à gauche sur le G. C. 26 pour aller à Grivesnes, aller visiter l'église d'**Ailly-sur-Noye** *(5 km. 5), en prenant à droite le G. C. 26, ou se rendre, en continuant tout droit, à* **Folleville** *(4 km. 5).*

AILLY-SUR-NOYE. — LA PRÉVOTÉ.

Ailly-sur-Noye.

Le village d'Ailly-sur-Noye avait une église du XIIIe siècle, qui a été remplacée, il y a quelques années, par un édifice neuf. Celui-ci a gardé de l'ancien, sous la première fenêtre du bas côté droit :

AILLY-SUR-NOYE. — LE TOMBEAU DU BATARD DE SAINT-POL.

1° Un bas-relief couronné d'arcades gothiques trilobées, divisé en trois compartiments, représentant de droite à gauche, saint Martin coupant son manteau, le Crucifiement et le donateur présenté au Christ par saint Jean-Baptiste ;

2° Le tombeau de Jean de Luxembourg, bâtard de Saint-Pol. Ce tombeau (M. H.), en pierre bleue, comprend un coffre dont la face antérieure est ornée de cinq pleureurs et chaque bout de trois autres pleureurs abrités sous des arcades, et une dalle avec, en demi-relief, les statues de Jean de Luxembourg et de sa femme Catherine de la Trémouille. Malheureusement, le haut de ces statues est dégradé.

Folleville.

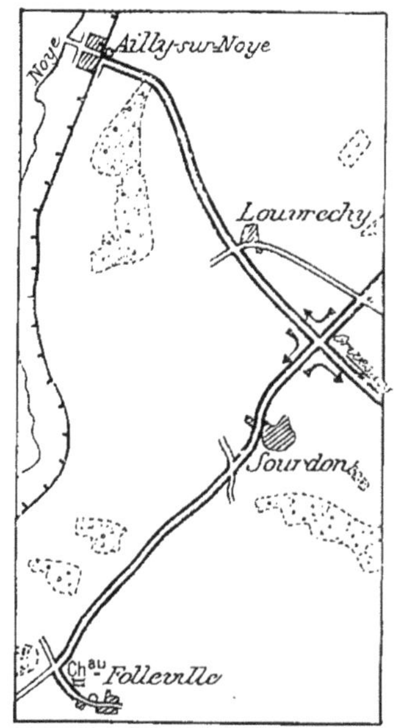

Folleville, avec les ruines de son château, son église, est un des points les plus intéressants de la Picardie pour l'archéologue. Les ruines du château, du xivᵉ ou du début du xvᵉ siècle, sur une colline d'où la vue est fort étendue ont un aspect imposant. Les tours d'angle sont rondes ; celle qui s'élève, au milieu de la courtine du nord a 25 mètres de haut ; elle est d'abord ronde, puis hexagonale, puis dodécagonale ; à mesure qu'elle monte, elle déborde en porte-à-faux au moyen d'encorbellements moulurés ; cette structure hardie lui donne un diamètre plus grand en haut qu'en bas.

Ce château, dont la ruine commença dès le xviiᵉ siècle, et fut aggravée par les déprédations révolutionnaires, évoque de nombreux souvenirs

LE CHATEAU DE FOLLEVILLE.

FOLLEVILLE.
LE TOMBEAU
DE RAOUL
DE LANNOY
ET DE
SA FEMME.

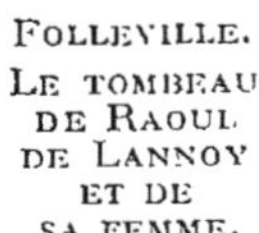

FOLLEVILLE.
LE TOMBEAU
DE FRANÇOIS
DE LANNOY
ET DE SA
FEMME.

historiques. En 1440, il fut pris par les Anglais du comte de Sommerset et de Talbot et leur servit longtemps de base d'opérations. En 1492, le roi Charles VIII, en 1544, le roi François Ier y séjournèrent ; c'est du château de Folleville que François Ier annonça à ses sujets la conclusion de la paix entre la France et Charles-Quint. Sous Charles IX, le château servit de lieu de réunion aux protestants ; sous la Ligue, il eut une garnison ligueuse ; en février 1592, Henri IV livra, dans les environs, bataille aux troupes du duc de Parme. Saint Vincent de Paul y demeura comme précepteur des enfants de M. de Bondi. C'est à Folleville que le saint inaugura les missions, but principal de la Congrégation dont il fut le fondateur.

L'église (M. H.), voisine des ruines du château, comprend deux parties: la nef, de la fin du XIVe

L'ÉGLISE DE FOLLEVILLE.

siècle, le chœur du début du XVIe siècle. Le chœur, bâti pour servir de chapelle sépulcrale aux châtelains, est d'une décoration plus riche ; ses contreforts sont surmontés de pinacles ; sur l'un d'eux, une niche contient une statue de la Vierge. La nef a une voûte en charpente ogivale (une des plus belles du département de la Somme), qui comporte des sculptures satiriques ou grotesques.

La chaire est celle où saint Vincent de Paul prononça, le 25 janvier 1617, le sermon qui fut le point de départ de l'œuvre des Missions. Les bancs en bois de la nef sont anciens. Les fonts baptismaux sont formés d'une coupe évasée, en marbre blanc, ceinte de la chaîne historique des de Lannoy, qui relie quatre écussons aux armes de Folleville, de Lannoy, de Broix et de Hangest, et d'un piédouche en pierre grise cantonné de quatre feuilles d'acanthe.

Les arceaux des voûtes en pierre du chœur reposent sur de petits culs-de-lampe sculptés de motifs différents. Des deux chapelles qui sont de part et d'autre de l'entrée du chœur, celle de gauche, dite de la sainte Vierge, est celle où se tenaient les châtelains ; celle de droite, dite de saint Vincent de Paul, depuis 1868, est moderne d'aménagement et de décoration.

Le chœur abrite des monuments très réputés ; le plus beau est le mausolée de Raoul de Lannoy et de Jeanne de Broix, dont le sarcophage, en marbre blanc, est l'œuvre d'artistes italiens, les de Porta, et dont la niche en pierre, abritant le sarcophage, a été délicatement sculptée par des artistes français. C'est une des œuvres remarquables de la Renaissance. Le tombeau voisin est celui de François de Lannoy et de Marie de Hangest ; certaines de ses sculptures ont beaucoup d'analogie avec celles du tombeau du cardinal Hémard de Denonville, dans la cathédrale d'Amiens (Photos p. 80).

Au fond de l'abside, derrière le maître-autel, est une niche vide dont l'encadrement comporte de jolies sculptures. Une verrière ancienne, près du tombeau de Raoul de Lannoy, est consacrée à saint Antoine et à saint Jean l'Evangéliste. Au-dessus de la porte de la sacristie, on a placé des médaillons en marbre sculpté. L'église possédait encore un drap mortuaire fort ancien qui a été déposé au Musée d'Amiens.

LES LIGNES FRANÇAISES DANS LES CARRIÈRES DE GRIVESNES.

Grivesnes.

Revenir au carrefour des routes de Grivesnes, Folleville, Ailly-sur-Noye et prendre la route de Grivesnes.

Avant d'arriver à ce village, on voit à droite un cimetière français du **114e** *régiment d'infanterie et un peu plus loin, une carrière avec des abris en sape.*

A l'entrée de **Grivesnes**, *on prend le premier chemin à gauche qui conduit au* **CHATEAU**, bâtiment du XVIIe siècle formé d'un corps central et de deux ailes, dans la cour duquel on remarque un bel abri et quelques tombes ; *un peu*

GRIVESNES. — LE CHATEAU.

plus loin on arrive à l'église. Ces deux édifices sont fortement endommagés. *On revient ensuite à la route que l'on poursuit vers Cantigny. Celle-ci passe devant les débris d'un moulin que les Allemands ont fait sauter, puis à la* CHAPELLE SAINT-AIGNAN, *près de laquelle est un vaste cimetière franco-allemand.*

La chapelle ne présente plus qu'un amas de décombres. De là on voit Grivesnes, le château et son parc qui s'étend au nord-est du village.

LA DÉFENSE DU CHATEAU DE GRIVESNES.

Le 28 mars 1918, les premiers éléments de la 166e D. I., en voie de débarquement, s'établissent sur la ligne Coullemelle-Thory et son artillerie prend position sur la ligne Grivesnes-Coullemelle *(Carte p. 84)*.

Le 29, les 4e et 5e bataillons du 350e de ligne, qui se battaient déjà depuis deux jours, viennent occuper Grivesnes ; l'un d'eux est réduit au tiers de son effectif ; on leur a adjoint quelques chasseurs à pied et une compagnie du génie. Dès le lendemain, cette poignée d'hommes repousse cinq assauts.

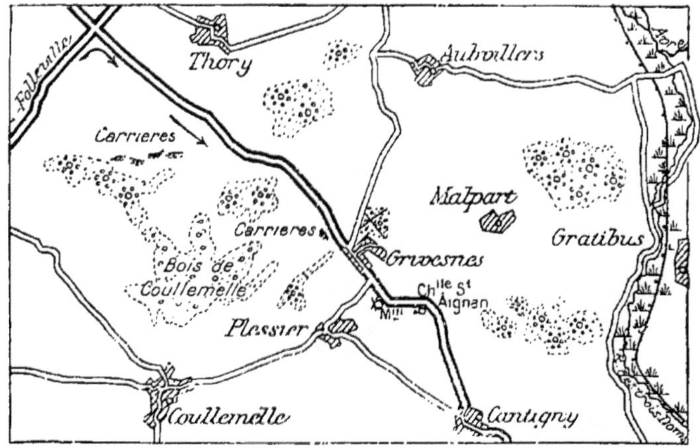

Le 31, dimanche de Pâques, l'ennemi lance contre elle la 1re division de la Garde, une de ses plus fameuses, celle où servent les princes de la famille impériale et où Guillaume II a reçu ses premiers galons d'officier. Dès 7 heures du matin, les observateurs, dont un sergent, placé dans le village de Grivesnes d'où il suivra toute la bataille, voient les vagues d'assaut se former dans les trous d'obus à l'est et au nord-est du parc. De 10 h. 30 à 11 h. 30, la préparation d'artillerie, avec des rafales de 150, pilonne les lignes françaises ; parmi les tués, avant l'assaut, il y a déjà un capitaine et cinq chefs de section. Les grenadiers à pied allemands s'avancent par compagnies accolées en colonnes de peloton ; sous les vagues successives, la première ligne, décimée, est rompue ; les Allemands débordent le parc par le nord et par l'est et, se contentant d'entourer pour le moment le château dont la garnison les crible de balles, ils pénètrent dans le village.

Le lieutenant-colonel Lagarde, qui est enfermé dans le château, fait le coup de feu avec ses hommes ; à 12 h. 15, il charge un cycliste d'aller porter au colonel commandant l'infanterie divisionnaire, au Plessier, le compte rendu de la situation, qui se termine ainsi : « Je suis dans le château, j'y tiendrai jusqu'à la mort. » Le cycliste parvient à échapper aux balles allemandes, traverse en trombe Grivesnes, où déjà les Allemands ont pénétré et remplit sa mission. Aussitôt, le colonel réunit tous les éléments disponibles, fantassins et chasseurs, et les dirige baïonnette au canon sur Grivesnes.

Mais déjà un bataillon en réserve au carrefour des routes de Montdidier et du Plessier, ayant vu les grenadiers allemands envahir la rue de Montdidier, s'est porté à la contre-attaque ; pendant que les hommes nettoient les maisons une à une, délivrant plusieurs prisonniers, le commandant du bataillon et son cycliste s'avancent revolver au poing au milieu de la rue, soutenus par deux autos-mitrailleuses qui balaient les colonnes allemandes. La rue de Montdidier est rapidement nettoyée et les hommes entrent au château. Le lieutenant-colonel distribue aussitôt ses renforts sur les lisières du parc et entreprend la chasse aux ennemis.

A 14 h. 30, le détachement du Plessier arrive à la rescousse ; bientôt les grenadiers allemands sont rejetés du parc ; en vain contre-attaquent-ils, les Français ne cèdent plus un pouce de terrain et l'arrivée d'un bataillon d'un régiment voisin, débouchant du Bois de Coullemelle, assure leurs positions.

La Garde prussienne est battue et a subi d'énormes pertes.

Le lieutenant-colonel Lagarde commandant le 350e de ligne
avec quelques-uns des héros de Grivesnes.

Les 1er et 3 avril, celle-ci revient à la charge à 7 heures du matin,
mais sans succès. Le 4, dans une brillante contre-attaque, le 67e de ligne
enlève Saint-Aignan et le conserve, en dépit de tous les retours offensifs de
l'ennemi. Le 5, celui-ci se jette à nouveau sur Grivesnes, mais vainement ;
le 67e de ligne lui tient tête énergiquement à Saint-Aignan ; à l'est de
Grivesnes, le 25e bataillon de chasseurs repousse quatre assauts menés par
deux régiments de la Garde, que déciment les tirs de barrage et les
mitrailleuses ; il dégage même ensuite les abords est du village. Le 9 mai,
les troupes françaises enlèvent rapidement le parc avec 258 prisonniers

Grivesnes. — Mise en batterie de mortiers de 220.

LE COQ DU CLOCHER DE GRIVESNES.

et un important matériel, sans que l'ennemi puisse le leur reprendre.

En continuant le G. C. 26 on arrive à **Cantigny.**

Le village et ses alentours furent abordés par les Allemands à la fin de mars 1918 ; une vive bataille s'y livra dans la nuit du 29 au 30 et le 30 toute la journée. Cantigny tomba le soir du 30.

Les 4 et 5 avril, une contre-attaque, menée par la 45e D. I. dans la région, refoula l'ennemi et occupa les lisières nord et ouest du village où elle ne put se maintenir. Le 28 mai, la 1re D. I. américaine, soutenue par un régiment de la 60e D. I. française et un groupe de chars d'assaut enleva brillamment le village et le saillant de Cantigny sur 2 kilomètres de front, faisant 170 prisonniers et capturant un matériel abondant *(Voir la photo d'avion p. 39)*.

LE CALVAIRE DE GRIVESNES.

L'attaque de Cantigny par les Américains, le 28 mai 1918. *(Voir p. 39.)*

Le village est complètement rasé ; *on peut aller voir les ruines de l'église et du château en prenant à gauche la rue au centre du village.*

La route passe ensuite à **Fontaine-sous-Montdidier** *qui est en ruines, puis 3 kilomètres plus loin on prend la route de gauche vers* **Montdidier**. *On suit le bas du coteau jusqu'à la N. 35, de Montdidier à Amiens, que l'on prend à droite. A l'entrée de Montdidier, on tourne à la rue du Collège qui conduit à l'esplanade du Prieuré. (Voir le plan page 98.)*

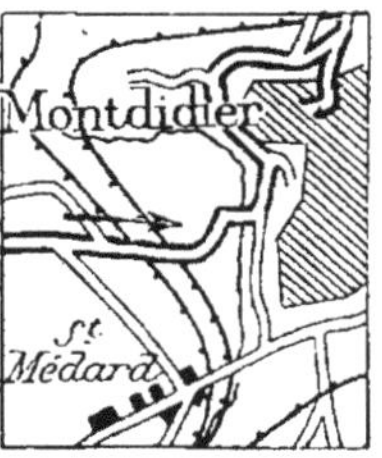

Cantigny.
Entrée du
parc du
château.

MONTDIDIER

Vaillante cité, dont la guerre a fait une martyre.
Après avoir subi, plus de deux années, le feu des canons ennemis, a connu tour à tour les
joies de la délivrance et l'horreur d'une occupation brutale ; position importante
et âprement disputée, a subi une destruction totale, payant de sa ruine
la Victoire de la Patrie (Croix de Guerre).

La ville se dresse à l'extrémité du plateau du Santerre, à égale distance des vallées de l'Oise et de la Somme, d'Amiens et de Compiègne.

Elle s'étage, du sud au nord, sur une roche crayeuse, dont le point culminant est occupé par le Palais de Justice.

Elle est née sans doute autour d'une métairie dans laquelle les moines de l'abbaye de Corbie logèrent, d'après la tradition, Didier, roi des Lombards, dont ils avaient la garde et dont la ville aurait gardé le nom.

Les premières maisons s'établirent dans la vallée fertile, pendant qu'un castrum occupait la hauteur.

Par sa situation sur une frontière disputée, Montdidier devait connaître une existence mouvementée. Philippe-Auguste y fait construire des fortifications, terminées en 1210, dont il ne reste que quelques bouts de murailles, recouverts par les jardins. A plusieurs reprises, elle est assiégée, pillée, incendiée.

Sous Charles VIII et Louis XII, elle relève ses murailles et se reprend à vivre, mais sous François 1er, la guerre l'affecte encore. Après avoir repoussé une bande d'aventuriers, en 1522, elle est assiégée, en 1523, par 30.000 Anglais et Allemands, commandés par le duc de Norfolk et le comte de Bure ; les bourgeois, même quand une brèche eut été ouverte dans leurs murailles, refusent de capituler ; l'ennemi doit emporter la ville d'assaut et il la brûle le 29 octobre.

PANORAMA SUR MONTDIDIER, PRIS DE LA ROUTE DE MOREUIL.

Dans la ville, encore une fois relevée, la Réforme se développe vite malgré les persécutions et la mort du pasteur Michel de la Grange, qui y est brûlé vif en 1553.

En 1636, une forte armée espagnole, sous les ordres de Jean de Werth et de Piccolomini, après avoir pris Roye, somme Montdidier de se rendre ; les bourgeois refusent et, presque seuls, organisent la résistance ; ils tiennent l'ennemi éloigné de leurs murs et font même des sorties ; une étroite vallée sur la route de Breteuil a gardé le nom de Coupe-gorge depuis une de ces sorties, qui coûta la vie à 200 Espagnols. Au bout de trente-quatre jours de siège, l'approche de l'armée royale oblige les Espagnols à retraiter et Louis XIII vient lui-même remercier les bourgeois de leur courageuse fidélité.

Par la suite, la ville vécut dans la paix ; Louis XIV s'y arrêta souvent quand il allait en Flandre.

Le 19 mars 1814, des cosaques, venant de Roye, pénétrèrent dans la ville ; le lendemain, un gros détachement de cosaques, de hussards, de fantassins et d'artilleurs prussiens, sous les ordres du Russe, baron de Geismar, prit possession de la cité et exigea de lourdes réquisitions en nature.

Les cosaques bivouaquèrent dans les rues, à côté de leurs chevaux tout harnachés et firent leur cuisine en plein air. Le 24 mars, une tentative combinée des garnisons d'Amiens et de Beauvais fut exécutée pour déloger les cosaques, mais ceux-ci revinrent à Montdidier, le 27, avec l'intention de piller et de brûler la ville. Le baron de Geismar, sur les instances de quelques personnalités, consentit à ne pas incendier la ville, mais la livra pendant une heure au pillage de ses soldats. Le 28, les cosaques s'éloignèrent vers Compiègne pour rejoindre l'armée des coalisés en marche

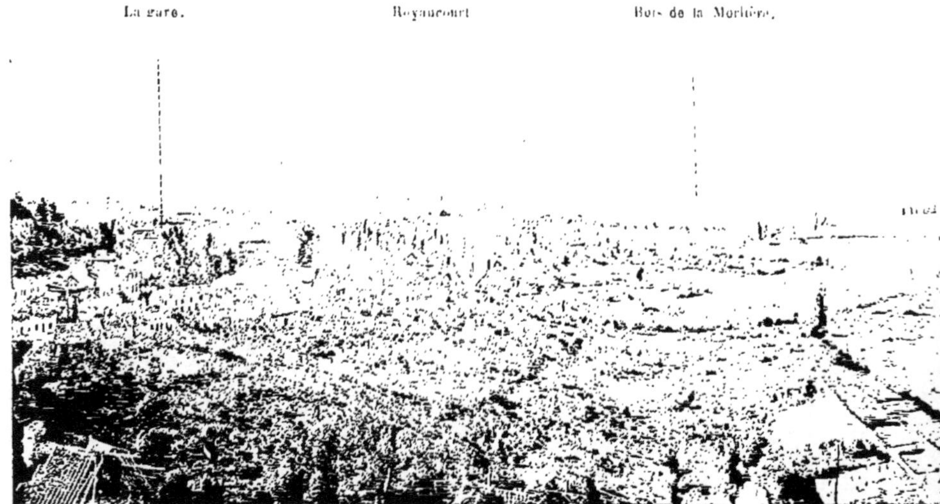

PANORAMA SUR L'OUEST ET LE SUD DE

On reconnaît
à gauche
le ruisseau
des 3 Doms
que coupe
la route de
l'Itinéraire
(voir p. 98);
au centre, la
place
de l'Hôtel de
Ville,
à droite,
la place
Faidherbe et
la route de
Compiègne.

PHOTO D'AVION PRISE LE 18 JUIN 1918 SUR MONTDIDIER.

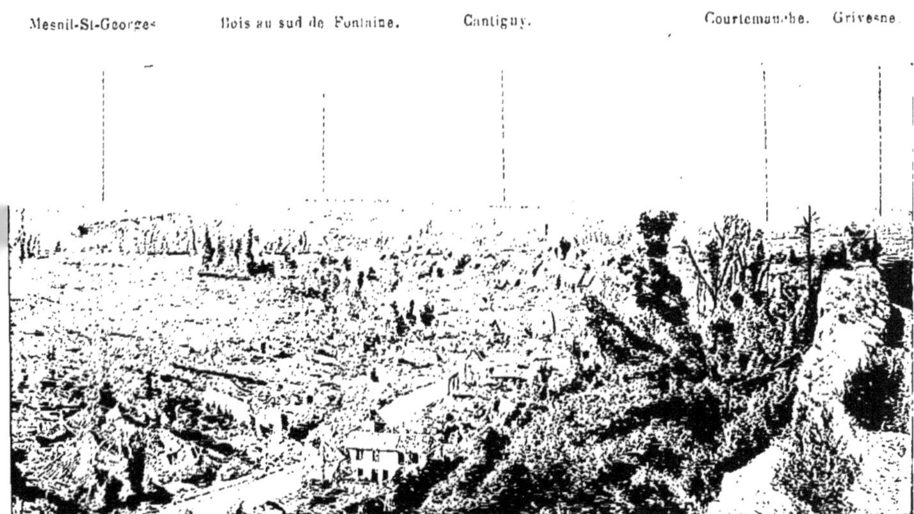

MONTDIDIER PRIS DE L'ESPLANADE DU PRIEURÉ.

sur Paris. Après Pâques, les troupes prussiennes y tinrent garnison.

En 1815, une nouvelle garnison prussienne occupa la ville pendant trois mois.

En 1870, le 15 octobre, les Prussiens se présentèrent devant Montdidier occupé par quelques troupes et des gardes nationaux. Après un court bombardement, qui tua plusieurs habitants, les Prussiens pénétrèrent dans la ville.

UNE CHAPELLE CONSTRUITE PAR LES SOLDATS DANS LES RUINES DE MONTDIDIER.

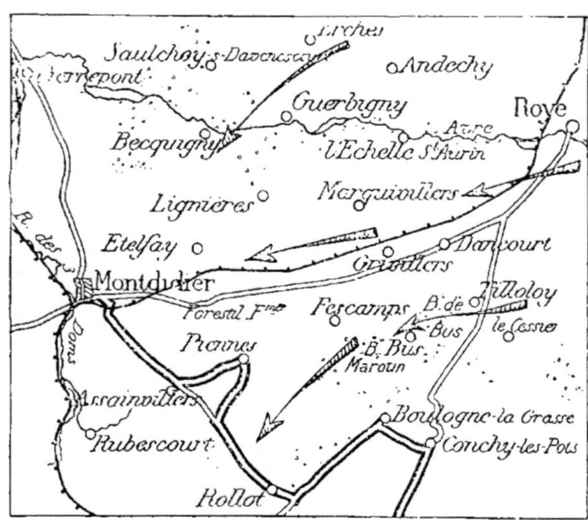

La route suivie par l'itinéraire est tracée en traits renforcés.

Montdidier en 1918.

De Montdidier, il ne reste guère que des ruines ; les maisons et les monuments se sont écroulés sous les obus pendant la terrible bataille qui se livra autour de la ville, de fin mars au milieu d'août 1918.

De l'extrémité de la rue du Collège surplombant le ravin, on aura vue sur tout le champ de bataille.

L'offensive allemande. — Journée du 27 mars.

Le 27 mars, le flot allemand contenu sur la droite française déferle vers la gauche dans la plaine où l'absence de défenses naturelles rend la résistance plus difficile. Le front est là très mince encore et les Allemands en profitent ; ils enlèvent le Cessier, puis Tilloloy.

La 22e D. I. se replie sur Bus, puis perd Bus et ses bois. Pendant deux heures, l'ennemi ne peut déboucher de ces bois, arrêté presque uniquement par les feux d'un groupe d'artillerie de campagne en position dans le bois Marotin.

Tout près de là, le 22e territorial, un escadron divisionnaire et deux compagnies du génie, jetés dans la lutte, se battent avec acharnement à un contre dix et ne reculent que pas à pas.

L'ennemi n'avance qu'au prix de lourdes pertes ; à peine a-t-il pénétré dans le bois Marotin qu'une concentration d'artillerie l'y écrase.

Contenu devant le massif de Boulogne-la-Grasse, il s'engage entre ce massif et Montdidier ; il y a là une brèche entre la gauche de l'armée Humbert et la droite de l'armée Debeney qui arrive et dont une partie seulement, la 56e D. I. (Demetz), est à peine installée. Cette division (49e, 65e, 69e bataillons de chasseurs à pied, 132e et 106e régiments de ligne), avec la 5e division de cavalerie (de la Tour) et deux bataillons du 97e territorial, doit défendre, de Pierrepont aux abords de Roye, un front de 20 kilomètres.

Assaillie par 3 divisions allemandes soutenues par une puissante artillerie, la 56e D. I. résiste vaillamment.

Toute la matinée, le 69e bataillon de chasseurs se bat sur la ligne l'Echelle-Saint-Aurin, Dancourt, Grivillers. Ce dernier village n'est perdu qu'à 12 h. 45; les chasseurs près d'être cernés doivent, avec des éléments de cavalerie, se jeter vers Marquivillers, tandis qu'une compagnie encerclée continue à se défendre désespérément, plutôt que de se rendre.

Après la prise d'Erches, à 9 h. 40, et de Saulchoy à 13 heures, le 65e bataillon de chasseurs arrête quelque temps l'ennemi sur la ligne Guerbigny, mais, attaqué de flanc par les Allemands qui ont passé l'Avre au delà de Guerbigny, il doit se replier vers 14 h. 30, non sans infliger à l'ennemi de lourdes pertes; le 49e bataillon, qui est au-dessus de Becquigny, se replie à son tour.

Devant Marquivillers, deux bataillons du 106e de ligne tiennent long-temps et ne cèdent que quand ils sont débordés ; ils se replient en combattant sur la crête au sud de Lignières, puis sur le plateau à l'est d'Etelfay. Un bataillon du 132e de ligne, qui n'a pu gagner Fescamps, se bat avec les territoriaux du 97e entre Piennes et la ferme Forestil.

A 15 heures, un bataillon du 132e, à peine arrivé, est jeté sur Etelfay que l'ennemi a pris et sa contre-attaque permet aux deux bataillons du 106e et au troisième du 132e de se regrouper sur le plateau, à l'ouest, où ils obligent l'ennemi à marquer un nouveau temps d'arrêt jusqu'à 18 h. 30.

Au sud de Montdidier, un bataillon du 132e combat toujours, mais le repli de la 22e D. I. à sa droite le découvre, et l'ennemi court vers Rollot et Rubescourt. On renonce à défendre Montdidier pour ne pas user, dans une bataille de rues, les quelques troupes qui s'opposent à la ruée de l'ennemi.

Celui-ci entre dans la ville à 18 h. 30. La 56e D. I. et la 5e division de cavalerie se regroupent à l'ouest de Montdidier et de l'Avre sans avoir perdu un seul canon.

La progression de l'ennemi est enrayée.

Au soir, les Français tiennent la ligne Ayencourt au sud-ouest de Montdidier, Mesnil-Saint-Georges à l'ouest, Gratibus au nord, Pierrepont au coude de l'Avre, Contoire *(Voir carte p. 94).*

Le général de Mitry, commandant le 6e corps, donne l'ordre de tenir à

LE SAUVETAGE DES ARCHIVES DE MONTDIDIER.

tout prix la ligne des hauteurs qui domine à l'ouest la rivière des trois Doms entre Pierrepont au nord de Montdidier, et Domfront au sud. La 56e D. I. est sur la ligne Framicourt, Domfront.

Le 28 mars.

Le 28 au matin, la 9e division allemande de Silésie pénètre dans Courtemanche et Framicourt, dans Fontaine-sous-Montdidier, bouscule les éléments du génie qui faisaient le coup de feu sur la route de Mesnil, s'établit dans Mesnil, ainsi que dans Ayencourt et le Monchel. Immédiatement, la 56e D. I. contre-attaque. Pendant qu'un bataillon du 132e reprend Fontaine-sous-Montdidier, que le 65e bataillon de chasseurs progresse dans le bois et sur la croupe vers Mesnil, le 3e bataillon du 132e, soutenu par un bataillon du 350e fraîchement arrivé, refoule l'ennemi sur Mesnil et le Monchel, s'empare de ces villages après un combat de rues à la grenade. A droite, l'armée Humbert a repris Assainvillers.

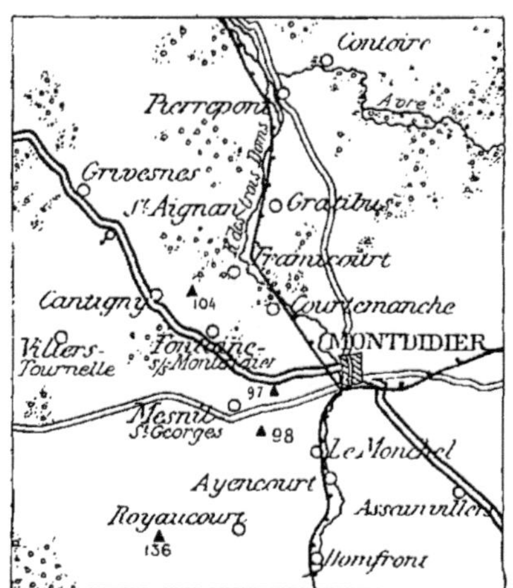

Le 29 mars.

Le 29, la 56e D. I. reçoit l'ordre d'avancer jusqu'à la voie ferrée entre Courtemanche et le Monchel ; son attaque se déclenche à 18 heures au moment même où l'ennemi se jette à l'assaut de son côté. Le combat est tout de suite terrible ; à gauche, une compagnie du 69e bataillon de chasseurs a pu entrer dans Framicourt, mais elle est submergée et en partie faite prisonnière ; le 49e bataillon de chasseurs, après avoir poussé jusqu'à la Chapelle Saint-Pierre à l'ouest de Courtemanche, est débordé et obligé de se replier en avant de Fontaine-sous-Montdidier ; le 65e bataillon de chasseurs et le 3e bataillon du 132e de ligne à l'est de Mesnil progressent sous un violent barrage d'artillerie et de mitrailleuses jusque sur la Cote 97, mais décimés doivent se replier.

Le 30 mars.

Le 30, dès l'aube, un violent bombardement de *minen* et d'artillerie précède une nouvelle attaque allemande.

Au nord, devant Fontaine-sous-Montdidier et la Cote 104, le 49e bataillon de chasseurs, soutenu par des éléments du 54e de ligne, repousse sept assauts, les cadavres allemands couvrent le terrain.

Après que deux escadrilles d'avions ont survolé et mitraillé les lignes françaises, l'ennemi revient à la charge avec des troupes fraîches ; repoussé, il lance à nouveau de fortes colonnes vers 15 h. 45 contre les troupes françaises épuisées, les déborde sur les flancs ; celles-ci ne se replient sur la crête est de Villers-Tournelle que pour éviter d'être encerclées et s'accrochent sur de nouvelles positions ; dans la journée, elles ont lancé plus de 1.500 grenades et brûlé plus de 500.000 cartouches.

De Mesnil à Royaucourt, la bataille est aussi acharnée ; la 9e D. allemande a l'ordre de pousser jusqu'à la Cote 136, à 2 kilomètres et demi au sud-ouest de Royaucourt. Devant Mesnil, le 106e de ligne brise quatre attaques du 7e grenadiers allemand dans la matinée, mais dans l'après-

MONTDIDIER.
LA RUE
BECQUEREL.

midi, vers 17 heures, après que la gauche française a fléchi sous un bombardement effroyable, les Allemands abordent le village par le nord.

Les Français le défendent maison par maison et ne l'abandonnent au feu que vers 18 h. 30 pour s'établir à 200 ou 300 mètres en arrière. Sur la droite, les 19e et 154e régiments allemands s'emparent du Monchel et d'Ayencourt et ne peuvent en déboucher sous les feux du 132e de ligne qui leur interdit les abords sud-ouest de Mesnil et les approches de Royaucourt.

Le soir, à 19 heures, une contre-attaque menée par des éléments du 153e de ligne, un bataillon de cavaliers à pied, une section d'autos-canons et un groupe d'artillerie surprend l'ennemi, lui enlève Ayencourt et le Monchel et porte la ligne du Monchel à la Cote 98. Epuisé par ses efforts et ses pertes considérables, l'ennemi, qui n'a réalisé que des gains médiocres, organise ses positions. La 56e D. I., qui s'est battue sans interruption pendant cinq jours, a perdu une bonne partie de son effectif, mais elle a contenu, puis fixé l'Allemand.

LA RUE
BECQUEREL
EN 1919.

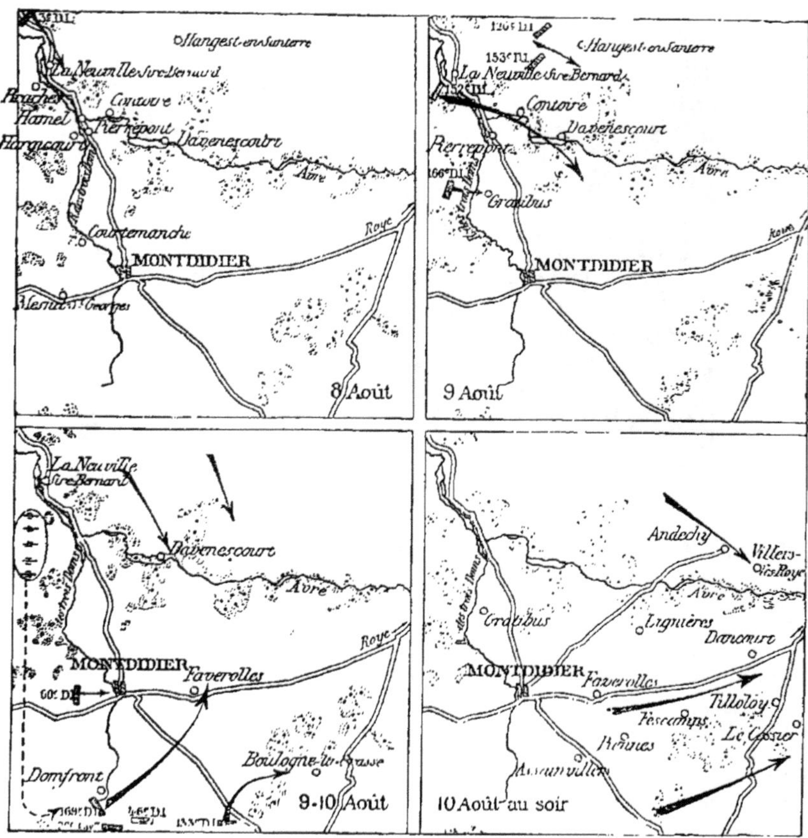

LE DÉGAGEMENT DE MONTDIDIER.
Les opérations du 8 août au matin au 10 août au soir.

Le dégagement de Montdidier (8-10 août 1918).

Dans les mois qui suivirent, l'ennemi resta sur ses positions ; ce secteur ne fut plus agité que par des coups de main réciproques ou par quelques opérations locales, destinées de part et d'autre à améliorer les positions. Dans la région de Mesnil-Saint-Georges tenue notamment par la 60e D. I., l'extrême droite de l'offensive allemande du 9 juin vint se briser contre la résistance des troupes françaises ; devant une seule compagnie du 248e de ligne, l'ennemi laissa plus de 200 cadavres.

Le 1er août, il fit de nombreuses et vaines tentatives près de Mesnil ; à partir du 3, les Français progressèrent lentement à l'est du village, préparant les positions de départ pour l'offensive de l'armée Debeney du 8 août. Le 4, les Allemands, sentant venir l'attaque, abandonnèrent une partie de leurs positions ; les Français occupèrent Braches, pénétrèrent dans Hargicourt malgré les arrière-gardes ennemies et atteignirent Courtemanche.

Le 8 août, la 3e D. I. (9e corps) passe l'Avre au nord, enlevant et élargissant la tête de pont de la Neuville-Sire-Bernard et occupant les lisières ouest du Contoire et de Hamel. Le 9e corps est alors remplacé par le 10e, dont les trois divisions sont en ligne : les 152e et 166e, derrière le ruisseau des Doms, la 60e devant Montdidier. Le 9 au matin, au lieu d'essayer de franchir le ruisseau marécageux, la 152e D. I., obliquant sur sa gauche, le passe à la Neuville-Sire-Bernard et permet, en progressant, à la 166e D. I. d'en forcer le passage de front à la hauteur de Gratibus. Pendant que les 126e et 153e D. I. enlevaient Hangest et son plateau, la 152e D. I. poussait son front à Contoire et Pierrepont ; la 166e D. I., qui n'a passé les Doms qu'après de rudes efforts, n'a pu prendre pied sur le plateau à l'est. Débordé par le nord, Montdidier va l'être par le sud. Le général Debeney, transporte rapidement sa masse d'artillerie de sa gauche à sa droite et déclenche une nouvelle attaque. La 60e D. I. se porte sur Montdidier, la 169e, de Domfront pousse vers le nord-est en direction de Faverolles pour couper la route de Montdidier à Roye, la grande voie de retraite de l'ennemi ; la 133e D. I. atta-

PRISONNIERS ALLEMANDS TRAVERSANT MONTDIDIER (1918).

que face à l'est pour masquer le massif de Boulogne-la-Grasse et couvrir le flanc de l'offensive ; derrière suivent la 46e D. I. et le 2e corps de cavalerie, prêts à exploiter le succès. Celui-ci est complet ; au soir, de Faverolles à Piennes, Montdidier est débordé par le sud. Assainvillers, Piennes et Faverolles ont été repris et l'ennemi se replie par la route de Montdidier-Andechy, qu'il a pu maintenir libre par sa résistance devant Gratibus. Dans la nuit, il évacue Montdidier dans le plus grand désordre en laissant des officiers mitrailleurs chargés de retarder l'avance française.

Pendant que les troupes françaises pénètrent dans la ville, qu'elles tiennent entièrement, à midi, le 10, toute l'armée Debeney pousse vers l'est : les 47e et 56e D. I. s'avancent à l'est de Villers-lès-Roye ; la 166e de Gratibus jusqu'à Lignières, la 60e jusqu'aux abords de Dancourt, la 46e à

MONTDIDIER. ETABLISSEMENT D'UN PONT DEVANT LA GARE.

l'est de Tilloloy, la 133e jusqu'au nord-est de Fescamps, la 169e jusque devant le Cessier. Sur cette ligne, l'armée Debeney retrouve les vieilles tranchéesde la guerre de position. Montdidier est largement dégagé.

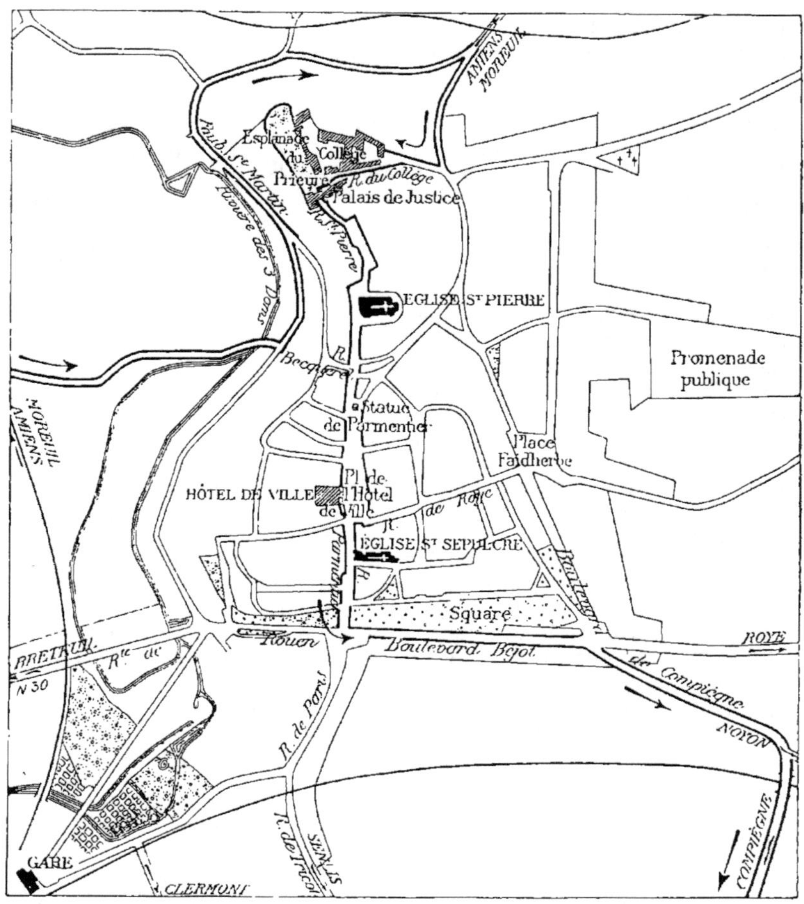

PLAN DE MONTDIDIER.
L'itinéraire suit, dans le sens des flèches, les rues tracées en traits renforcés.

VISITE DE MONTDIDIER

Contre l'esplanade du Prieuré sur laquelle on arrive (voir page 87) est le PRIEURÉ DES BÉNÉDICTINS qui, avant la guerre, était transformé en Collège. *En face se trouve le* PALAIS DE JUSTICE.

Le **Palais de Justice** s'élève sur l'emplacement de l'ancien château des comtes de Montdidier, dont au début du xive siècle il ne restait plus que la porte. Les débris de cette porte servirent à construire l'édifice où logèrent le Prieur des Bénédictins d'abord, puis, au xve siècle, les gens de justice, et qui fut appelé Salle du Roy.

La Salle du Roy s'élève sur un passage voûté en plein cintre, long de 13 mètres, qu'on voit en face de l'esplanade du Prieuré. A l'ouest, un haut

Le Palais de Justice en 1919.
Voir aussi page 29.

pignon se dresse à pic au-dessus du rocher, avec ses murs épais, renforcés au centre d'un énorme contrefort. à l'angle nord d'un contrefort plus petit, à l'angle sud d'une tourelle octogone.

L'entrée du Palais de Justice est sous le passage voûté. Au premier étage, la salle des Pas-Perdus et le corridor menant à la salle des Audiences étaient décorés de six grandes tapisseries de Bruxelles, exécutées, semble-t-il, au XVIIe siècle, par Henri Reydams pour la ville de Douai et provenant du château de Ferrières dans l'Oise, démoli en 1809 ; l.s sujets de ces tapisseries, tirés du Livre de l'Exode, représentaient le passage de la Mer Rouge — les Hébreux remerciant le Seigneur — la récolte de la manne — la fontaine miraculeuse — la préparation du Veau d'Or — l'adoration du Veau d'Or.

Trois d'entre elles, les 1re, 3e et 4e reproduisent identiquement les sujets de trois des tapisseries de la cathédrale de Chartres qui passent pour avoir été exécutées d'après des dessins de Raphaël.

Le Palais de Justice en 1917.

Le tombeau de Raoul de Crépy.

*Les quelques autres monuments de Montdidier étaient sur l'artère princi-
pale qui, du nord au sud, partage la ville en deux parties inégales. C'est d'abord
l'Église Saint-Pierre que l'on atteint en passant sous la voûte du Palais de
Justice et en suivant la rue Saint-Pierre.*

De **l'église Saint-Pierre** (M. H.), il ne reste guère que les murs et les
décombres. Bien que quelques parties en remontent au xive siècle, elle
était surtout du xvie. Le clocher, actuellement écroulé, avait été ajouté
en 1742.

Le portail était la partie la plus remarquable de l'édifice. Le plan
était dû à Chaperon (1538), maître maçon des travaux de la Cathédrale de
Beauvais. Il participe à la fois du gothique flamboyant (trumeau central,
voussure, retombée de la voussure, niche avec socle et dais du bas des gros
piliers) et du style Renaissance (niche à coquilles et clocheton tréflé du
haut des piliers). Au sommet de l'arc en accolade était un écusson aux
armes de France, entouré du collier de saint Michel, des trois croissants
d'Henri II, et du monogramme où, avec l'H. d'Henri II, on lit aussi bien le
double D. de Diane de Poitiers que le double C. de Catherine de Médicis.

Les murs latéraux de l'église sont garnis de contreforts. Suivant une

L'intérieur de l'église Saint-Pierre.

LE CIMETIÈRE DE MONTDIDIER.
Il se trouve au nord-est de la ville (voir l'itinéraire p. 98).

habitude assez fréquente en Picardie, chaque travée des bas côtés a son comble particulier perpendiculaire à celui de la grande nef.

L'intérieur à 3 nefs, avec ses gros piliers, ses voûtes basses du xve siècle, qui sont plus basses encore à l'extrémité du chœur qu'au voisinage du portail, donnait une impression de lourdeur.

Au bas du collatéral gauche, un gisant passait pour représenter le comte Raoul de Crépy et pour avoir fait partie du tombeau que le comte avait fait exécuter de son vivant, au xie siècle (*Photo p. 100*). Après avoir échappé

LA PLACE FAIDHERBE.
Au bout de la rue de Roye qui débouche place de l'Hôtel de Ville (voir p. 98).

LA STATUE DE PARMENTIER.

au vandalisme révolutionnaire, ce gisant fut déposé dans l'église en 1862 ; il semble plutôt être du XIIIᵉ ou du XIVᵉ siècle ; il est peu probable en tout cas qu'il soit le portrait de Raoul de Crépy.

Dans la chapelle voisine était une Mise au Tombeau comportant 7 personnages groupés autour du Christ. Comme dans le Tombeau de Saint-Germain-les-Fossés à Amiens, la Madeleine occupait dans le groupe la place centrale, réservée d'ordinaire à la Sainte Vierge.

Les fonts baptismaux, probablement du XIᵉ siècle, sont l'exemplaire le plus ancien qu'on connaisse d'un type conservé en Picardie, du XIᵉ au XVIᵉ siècle : une cuve basse et carrée soutenue par 5 supports, le plus fort

LE SOCLE DE LA STATUE ET UN COIN DE LA VILLE EN 1919.
La vue est prise dans la direction de l'église Saint-Pierre qu'on aperçoit.
L'itinéraire suit la rue de gauche.

au centre, et 4 colonnettes aux angles. Ici, les colonnettes d'angle en pierre ont été remplacées par des colonnettes en bois. La cuve est entourée d'un cercle orné de 8 têtes assez grossières ; le reste de la décoration, très fruste, comporte 2 têtes aux cous entrelacés, des raisins, des colombes buvant dans un vase.

Le tombeau dit de Raoul de Crépy, la Mise au Tombeau et les fonts baptismaux sont présumés enfouis sous les décombres.

La tribune de l'orgue était faite de débris d'une belle menuiserie sculptée de la Renaissance, dont la provenance est incertaine ; elle est effondrée.

En continuant la rue Saint-Pierre, on arrive à la place de la Croix-Bleue où se trouvait la STATUE DE PARMENTIER, *œuvre de Malknecht, élevée en* 1848. Il n'en subsiste plus que le socle. Parmentier, qui développa et popularisa en France la culture de la pomme de terre, est né à Montdidier.

L'HOTEL DE VILLE DE MONTDIDIER.

La rue de la Croix-Bleue conduit place de l'Hôtel de Ville sur la droite de laquelle est un **Hôtel de Ville** *moderne* ; il a remplacé l'ancien édifice de style Louis XIII et une maison Renaissance située à sa droite. On avait gardé de l'ancien, au sommet du nouveau beffroi, le Jacquemart, dit Jean Duquesne, qui frappait les heures de son marteau.

*On arrive alors rue Parmentier. à l'entrée de laquelle est l'***église Saint-Sépulcre** *élevée au* XVIe *siècle. (Photos p. 104 et 105.)*

Son portail, de style gothique flamboyant, est moderne ; il a remplacé l'ancien portail qui, faisant saillie en avant de l'église, avait été garni d'un jardin suspendu. Seule, sur cette façade, la tour carrée du clocher est ancienne. L'abside, à 5 pans, donne sur la petite cour du presbytère.

L'intérieur comprend une grande nef et deux nefs latérales. Seule, la voûte du chœur subsiste.

Au fond du bas côté droit est le Tombeau, exécuté de 1549 à 1582, aux frais de la famille de Baillon. Le Tombeau — que des travaux de protection ont préservé pendant la guerre — se compose du Tombeau proprement dit, ou l'Ensevelissement du Christ, et d'un *Ecce Homo* placé au sommet de l'arc qui surplombe le premier. Ce dernier groupe, achevé bien avant le second,

LA RUE PARMENTIER ET L'ÉGLISE SAINT-SÉPULCRE, AVANT LA GUERRE.

est d'une exécution plus souple et plus fouillée que celle du Tombeau. Les personnages, représentés à genoux sur des prie-Dieu sur la face du Tombeau, sont : Pierre de Baillon et sa femme Marguerite de la Morlière.

A l'autre bout du bas côté droit étaient les fonts baptismaux, qui datent de 1539. Mutilés et badigeonnés en 1870, ils sont défigurés. L'église de La

LES RUINES DE L'ÉGLISE SAINT-SÉPULCRE EN 1919.

LE CHŒUR DE L'ÉGLISE SAINT-SÉPULCRE.

Boissière en possède d'identiques, de la même époque, bien mieux conservés. Ces fonts doivent être enfouis sous les décombres.

L'INTÉRIEUR DE L'ÉGLISE SAINT-SÉPULCRE.
Vue prise du chœur vers le porche.

LA VILLE BASSE, VUE DE L'ÉGLISE SAINT-SÉPULCRE, A TRAVERS UN TROU D'OBUS.

Dans la chapelle des fonts est un bas-relief en pierre (protégé pendant la guerre) qui proviendrait de l'ancienne église. Il est consacré à la Sainte Vierge que bénit le Père éternel. Des sculptures et des inscriptions autour de la Vierge rappellent, d'après le Cantique des Cantiques, les principaux symbolismes de Marie. Malheureusement, le bas-relief a été badigeonné, en 1870, et quelques sculptures, tels « les Trois Enfants qui pissent », ont été mutilées à cause de leur réalisme.

Descendre ensuite la rue Parmentier et tourner à gauche sur le boulevard Béjot pour prendre la direction de Compiègne.

De Montdidier à Cuvilly, par Assainvillers, Piennes, Rollot. Boulogne-la-Grasse, Conchy-les-Pots, Orvillers-Sorel.

A Montdidier, après avoir suivi le boulevard Béjot, on prend à droite le boulevard de Compiègne, puis un peu plus loin encore, à droite, la N. 35 et l'on arrive à **Assainvillers** *qui n'est plus qu'un amas de décombres ; on tourne à la deuxième route à gauche ; 700 mètres après avoir traversé la ligne de chemin de fer d'intérêt local, on rencontre quelques lignes de tranchées et l'on arrive à* **Piennes**, *après avoir pris la rue de gauche qui conduit à l'église.*

ASSAINVILLERS.

Piennes.

L'église de Piennes (M. H.), de la fin du xvᵉ ou du début du xvıᵉ siècle, était remarquable.

Le portail en tiers-point comportait deux baies cintrées en anse de panier, avec tympan à remplage flamboyant et trumeau surmonté d'une statue de la Vierge posée sur un croissant.

Entre le portail et les contreforts qui l'encadrent, un dais gothique, très fouillé, abritait de chaque côté une niche vide. La face antérieure de chaque contrefort était ornée d'une

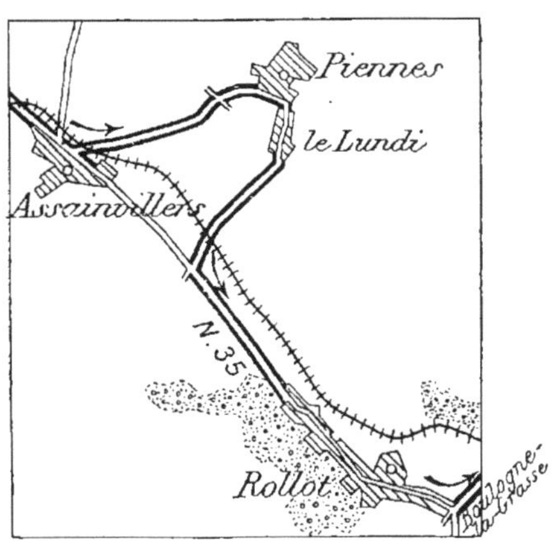

L'ÉGLISE D'ASSAINVILLERS.

PIENNES. — L'ÉGLISE.

niche sous dais gothique abritant des statues mutilées de sainte Catherine et de sainte Marguerite.

Les bas côtés étaient très pittoresques avec leurs cinq pignons et leurs cinq toitures indépendantes, perpendiculaires aux combles de la grande nef.

Les voûtes avaient été, dit-on, construites par Jean Vaast, un des architectes de la Cathédrale de Beauvais. Les fonts baptismaux, du XVIe siècle, sont fort jolis ; la cuve en est ornée de têtes d'anges et de mascarons alternés reliés par des festons de feuillage. Le banc d'œuvre, en bois sculpté, style Renaissance, était aussi fort remarquable ; c'était un des plus beaux meubles d'église de la Somme. Les boiseries de la chaire étaient de la même époque et du même style.

L'édifice est presque entièrement détruit depuis 1918 ; une partie du portail ainsi qu'un contrefort avec une niche subsistent ; les pignons des bas côtés, dont trois ont leur toiture, sont encore visibles ; les fonts baptis-

ROLLOT. — LA RUE DE L'ÉGLISE.

ROUTE DE ROLLOT A BOULOGNE-LA-GRASSE.

maux sont à gauche en entrant ; la chaire a été démolie par l'écroulement
du clocher et des voûtes.

On quitte Piennes et on traverse le hameau **le Lundi** *; on pourra voir des
tranchées le long de la voie ferrée. On reprend à gauche la route de Montdidier
à Compiègne qui amène à* **Rollot** où est né, en 1646, Antoine Galland l'orien-
taliste, le traducteur des *Contes des Mille et Une Nuits*, auquel un monument
a été élevé dans le village ; le socle seul subsiste.

*A la sortie de Rollot, on prend à gauche le G. C. 27, et dans les bois, le long
de la route, on aperçoit à gauche le* CHATEAU DE BAINS *qui a beaucoup souffert
pendant la bataille.*

En continuant la route, on arrive à l'église de **Boulogne-la-Grasse.**

LE CHATEAU DE BAINS.

Boulogne-la-Grasse.

Son territoire forme une sorte de petit massif accidenté, dont le sommet et les pentes du coteau central sont occupés par le village. Celui-ci, que les

jardins et les vergers masquaient avant la guerre, était un assemblage de quartiers presque indépendants, aux rues tortueuses et pittoresques. L'église domine la principale rue ; on y accède par 34 marches ; le chœur seul en est ancien ; elle possède une Vierge en bois du XIIIe siècle.

On passe par la rue à gauche de l'église et l'on tourne à la première rue à gauche qui mène au sommet de la butte qui domine le village.

On y voit encore les fossés entourant la motte où s'élevait l'ancien château-fort ; un château moderne fortement détérioré l'a remplacé.

A l'extrémité de la colline, à l'ouest du village, il y eut, au début du XIXe siècle, une station télégraphique détruite par les Prussiens en 1814.

De cet endroit, on embrassera le panorama du champ de bataille de Boulogne. Boulogne, et à l'est, les villages de Conchy-les-Pots, Roye-sur-Matz et Canny-sur-Matz, furent abordés par les Allemands dès le 27 mars 1918. Ils furent défendus par une partie de la 38e D. I., venue renforcer la

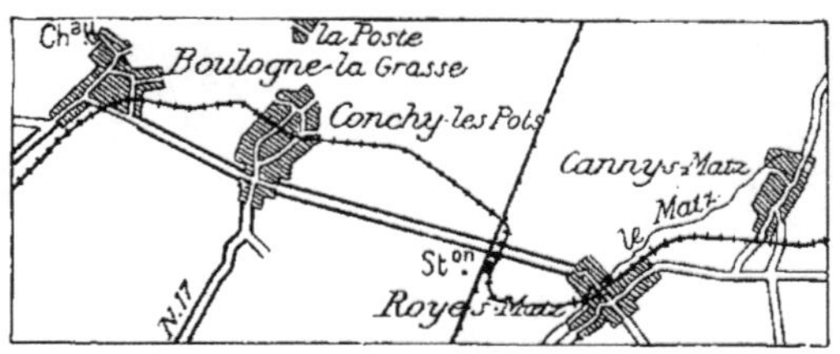

62ᵉ D. I., décimée par plusieurs jours de combat ; le régiment colonial du Maroc était à l'est de Roye-sur-Matz, le 4ᵉ mixte (zouaves et tirailleurs) à l'ouest ; un bataillon du 4ᵉ zouaves occupait Boulogne. Ce jour-là, les Allemands s'emparèrent de Boulogne et de Conchy, mais le lendemain 28, les Français attaquant à leur tour reprirent les deux villages. L'ennemi, qui n'avait pris pied dans Canny-sur-Matz qu'au 3ᵉ assaut, lança des contre-attaques répétées et violentes sur Conchy, qu'il put réoccuper, et sur Boulogne, dont il ne put enlever qu'une partie. Le 29, les troupes françaises, dépassant Boulogne, revenaient aux lisières de Conchy, mais sans pouvoir enlever Canny, ni déloger les Allemands cramponnés dans la partie est de Boulogne ; dans la nuit, l'artillerie française écrasa Boulogne, le rendant presque intenable. Le 30, l'offensive allemande débouchant de Conchy refoula les troupes qui occupaient le massif de Boulogne.

Dans les mois qui suivirent, les Allemands organisèrent dans cette région une ligne de repli dite la « Rheinlandstellung ». Le 10 août, l'offensive de l'armée Humbert, menée par le 34ᵉ corps, libéra tout le massif ; au soir, la ligne passait par Orvillers, Boulogne-la-Grasse, la Poste, au nord de Conchy, Conchy-les-Pots, la station de Roye-sur-Matz. Le 11, malgré les vives réactions de l'ennemi, les troupes françaises atteignirent le bois au nord de la Poste, la Cote 81 à l'est de Roye-sur-Matz, les abords de Canny. Les jours suivants, leur progression dégagea définitivement la région ; Canny fut réoccupé le 17.

Revenir à l'église et continuer tout droit jusqu'à la première route à gauche, le G. C. 27, qui conduira à **Conchy-les-Pots** *; avant d'y arriver, on rencontrera à droite un cimetière franco-allemand. Un peu plus loin, on tourne à gauche et l'on arrive alors à une bifurcation de deux rues : celle de gauche conduit à l'église paroissiale, qui possédait un chœur carré, du* XIᵉ *siècle, et quelques*

CONCHY-LES-POTS.
Le carrefour de la route de Boulogne-la-Grasse.

Un coin des ruines de Conchy-les-Pots.

autres parties des xiie et xve siècles, mais aujourd'hui ne présente plus qu'un amas de décombres avec quelques pans de murs encore debout. *La rue de droite mène le touriste à la chapelle Saint-Nicaise qui se trouve aussitôt après la voie du chemin de fer d'intérêt local ;* elle avait des vitraux du xve ou du xvie siècle, représentant l'histoire de saint Nicaise, qui ont été enlevés et mis en sûreté.

On revient alors à l'entrée du village d'où l'on pourra pousser à gauche par le G. C. 27 jusqu'à **Roye-sur-Matz** qui avait une église en partie du xiie siècle (M. H.). Le portail, la nef, le transept nord, et le clocher n'avaient pas été remaniés, comme le reste de l'édifice, aux xvie et xviie siècles, et s'étaient remarquablement conservés. L'église, qui, avant les offensives de 1918, était restée trois ans sur la ligne de feu, fut très endommagée de 1914 à 1917. Elle a été entièrement détruite en 1918 ; quelques pans de mur du chevet seuls subsistent.

L'église de Roye-sur-Matz.

8

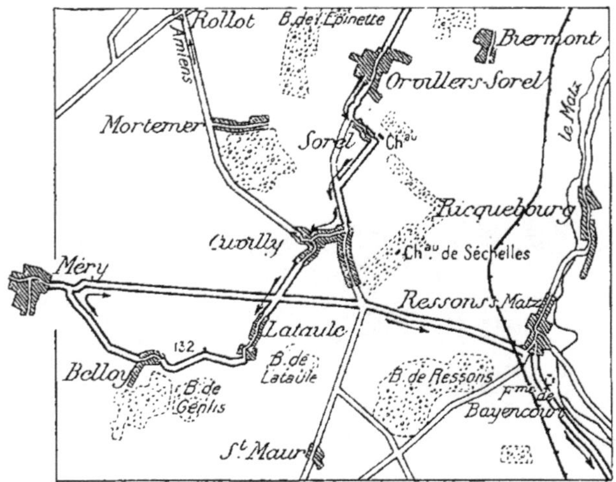

*De Roye-sur-Matz, revenir à Conchy-les-Pots où l'on prendra à gauche
la route pavée N. 17, jusqu'à* **Orvillers-Sorel.**

Entre Conchy-les-Pots et Orvillers-Sorel, on aperçoit à gauche Biermont,
qui fut énergiquement défendu le 30 mars 1918 par les troupes de la 62e D. I.

Cette région, très éprouvée, a été âprement disputée de la fin de mars
au milieu d'août 1918. Le 30 mars, deux divisions allemandes, dont une de
la Garde, attaquèrent sur Orvillers-Sorel en avant desquels étaient une partie
de la 38e D.I., le 4e zouaves et le 8e tirailleurs, les combattants fameux de
Douaumont, d'Hurtebise et de la Malmaison. Ces deux régiments furent
obligés de plier sous le nombre, mais après une résistance qui coûta cher
aux Allemands ; des éléments du 4e zouaves, submergés, cernés, tinrent
jusqu'au dernier ; d'autres se dégagèrent, ne se repliant que pour se refor-
mer et repartir à la contre-attaque, parfois sans chef ; jusqu'aux lisières
nord d'Orvillers, le terrain fut défendu pied à pied et l'ennemi ne put pénétrer dans le village. Dans la nuit, le 4e zouaves se reformait dans les ruines,
et le 31, entre 13 h. 30 et 14 h. 30, il se lançait à son tour à l'assaut contre
les Allemands, progressait, faisait des prisonniers, reprenait le bois de l'Epi-

L'ÉGLISE
D'ORVILLERS-
SOREL
EN RUINES.

UNE VUE
DU VILLAGE
D'ORVIL-
LERS-SOREL.

nette. Jusqu'au 3 mai, où il fut relevé, il resta sur ses positions, sans que l'ennemi osât l'attaquer. Les 12 avril et 11 mai, les troupes françaises, au cours de deux opérations de détail, progressèrent au nord-ouest d'Orvillers; les 12 et 14 mai, les Allemands attaquèrent leurs nouvelles positions, mais échouèrent avec de grosses pertes. Le 10 août, les troupes du 34e corps de l'armée Humbert dégagèrent largement Orvillers-Sorel, emportant la « Gothenstellung », la 3e ligne de repli et de « grand combat » établie là par les Allemands.

Après la traversée du village, on rencontre une petite chapelle que l'on laisse à sa droite et l'on arrive devant le CHATEAU DE SOREL, *de la fin du* XVIIe *siècle, situé dans un parc clos de murs.* Il fut fortement endommagé lors des attaques.

On quitte le château par l'avenue qui lui fait face et qui était bordée de tranchées, puis on reprend à gauche la N. 17 et l'on arrive à **Cuvilly.**

Le village est sur l'ancienne route de Flandre, jadis si fréquentée par les diligences, qui s'y arrêtaient à la Poste, dont les anciens bâtiments

LE
CHATEAU
DE SOREL.

subsistaient. L'église, lourde et massive, semble être en partie de la fin du xvie siècle ; il en reste seulement les murs et le clocher.

Pour aller à l'église, prendre à droite la rue de Matz et, en arrivant sur une place, bifurquer à gauche.

Le plateau de Belloy.

De là, pour se rendre sur le PLATEAU DE BELLOY, *sur lequel se livrèrent de violents combats en juin 1918, continuer tout droit par le chemin de Cuvilly à* **Lataule.**

L'église de Lataule est moderne, elle a conservé des fenêtres du xve siècle. En face se trouve le château qui a été bâti à la fin du xviie siècle après les guerres contre les Espagnols. De l'ancien château, détruit au xviie siècle, il y a quelques vestiges près de la route.

On tourne à droite en longeant le parc du château et l'on arrive à la COTE 132 *où se trouvent un cimetière et un observatoire près duquel il y a des tranchées.*

On aura vue sur Belloy et Méry à l'ouest ; sur Cuvilly au nord ; sur Lataule et le bois de Lataule à l'est ; sur le bois de Genlis au sud et sur

LATAULE.
RUINES
DU
CHATEAU.

Saint-Maur au sud-est. Les Allemands prirent pied sur ce plateau découvert le 10 juin 1918 ; ils s'emparèrent des villages de Lataule, Méry, Belloy, Saint-Maur et Cuvilly, après une dure bataille de deux jours où ils engagèrent de gros effectifs. Méry, particulièrement disputé, fut pris et repris ce jour-là. Le lendemain 11, les Allemands, à peine installés dans leur conquête, furent bousculés par une contre-attaque soudaine d'un groupement de division commandé par le général Mangin ; tous les chars d'assaut moyens, rassemblés par un véritable tour de force en moins de douze heures, appuyèrent cette contre-attaque, et grâce à leur ligne, les avions purent, pendant toute la durée du combat, suivre exactement la progression de l'infanterie. Les lourds engins foncèrent dans Méry, dans Belloy, cernèrent ces villages, permettant à l'infanterie de capturer sans coup férir les garnisons allemandes. Le 12, reformés, rassemblés, malgré leurs pertes, ils repartirent à l'assaut avec les fantassins, progressant à l'est de Méry, du bois de Genlis, devant Belloy, jusqu'aux abords de Saint-Maur. La ligne fut reportée à 2 kilomètres à l'est de Méry par ce coup de boutoir, malgré de violentes

BELLOY.
L'ÉGLISE.

Méry.
Une
barricade
dans le
village.

réactions allemandes qui ne purent reprendre le terrain reconquis. Cuvilly resta aux mains de l'ennemi, qui l'organisa. En août, quand l'offensive de l'armée Humbert commença, la ligne de repli allemande dite « Vandalenstellung » passait au sud du village ; elle fut emportée d'un seul élan le 10 août.

La route passe à **Belloy** *que l'on traverse en laissant la mare à sa gauche ; à la sortie du village est un calvaire, plus loin on aperçoit des positions de batterie avec abri. On arrive à* **Méry.** *L'église est située dans la troisième rue à gauche.*

Les parties les plus anciennes (chœur, transept gauche et clocher) sont du XVIe siècle. Le reste est du XVIIIe siècle. Il y a des souterrains de refuge sous le village et dans les environs, leurs entrées sont presque toutes obstruées. Comme autour des autres villages du plateau, on a trouvé des sarcophages anciens à Méry.

On fait ensuite demi-tour et l'on prend le G. C. 146 vers Ressons-sur-Matz. Le long de la route on voit des tranchées avec réseaux de fils barbelés.

Méry.
Un coin
du
village.

Convoi d'artillerie traversant Ressons-sur-Matz.

Du plateau de Belloy à Compiègne, par Ressons-sur-Matz, Marquéglise, Margny-sur-Matz, Elincourt-Sainte-Marguerite, Marest-sur-Matz, Villers-sur-Coudun, Coudun, Bienville.

Au carrefour de la route avec la N. 17 se trouve, à gauche, le Chateau de Séchelles. *On continue le G. C. 146 (à 2 kilomètres de là, très mauvais passage à niveau, de voie de 0 m. 60) et l'on arrive dans* Ressons-sur-Matz *après avoir traversé un passage à niveau de chemin de fer à voie normale et un autre de voie de 0 m. 60.*

On tourne alors à gauche pour se rendre à l'église.

Ressons est un bourg très ancien ; Saint-Amand, évêque de Maëstricht, y prêcha l'Evangile vers 632. Il eut jadis, notamment au XVIe siècle, une certaine importance ; il posséda un château-fort qui s'élevait à l'extrémité

Ressons-sur-Matz. — La rue principale.

MARQUÉGLISE. — UN COIN DU VILLAGE.

du village, sur le chemin de Séchelles. Ce château, en 1430, fut pris par les Bourguignons et repris par les Français.

L'église (M. H.) est de diverses époques ; la nef et les bas côtés avec leurs contreforts couverts de niches très ornées ont été rebâtis au milieu du XVIᵉ siècle ; les parties les plus anciennes (corniches de la nef, transept nord et chœur) sont du XIIᵉ siècle ; des restes de vitraux portent la date de 1561. L'édifice a été assez endommagé en 1918, les vitraux notamment sont détruits et la cloche du beffroi a disparu.

On fait alors demi-tour et après la place du Marché on prend à gauche le G. C. 41. A la sortie de Ressons, un mauvais passage à niveau de voie de 0ᵐ60, puis un autre très mauvais après la ferme de Bayencourt et encore un autre 1 kilomètre plus loin. On entre dans **Marquéglise.**

L'ancien château en face de l'église est ruiné ; les murs d'enceinte et les pavillons extérieurs subsistent seuls.

L'église est en grande partie du XVIᵉ siècle ; les voûtes du chœur ont quelques clefs armoriées. Dans le cimetière une jolie croix, du XVᵉ ou du XVIᵉ siècle, portait une Vierge sur une de ses faces. Cette croix est détruite.

Presque en face de l'église est un chemin qui conduit à la

L'ÉGLISE.
Un cimetière militaire français.

Cote 77 *où l'on ne peut accéder qu'à pied.* De là on aura une vue panoramique du champ de bataille de part et d'autre de la route d'Amiens à Compiègne jusqu'à l'Aronde, notamment au sud-ouest sur Antheuil, la ferme des Loges, ancienne dépendance de l'abbaye d'Ourscamps et sur la ferme Porte, ancienne dépendance du Prieuré d'Elincourt-Sainte-Marguerite. Cette région fut atteinte par la bataille au cours de l'offensive

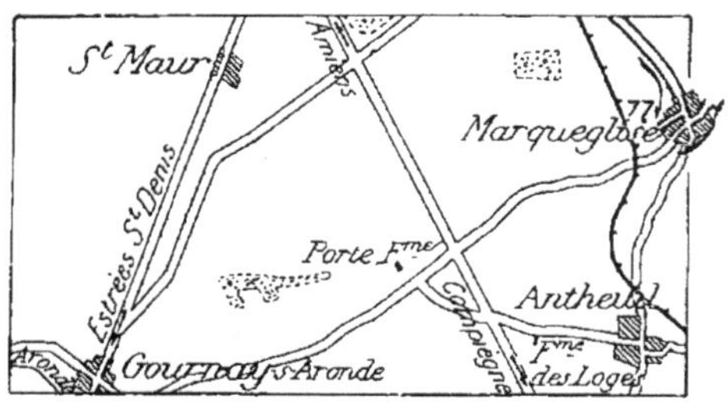

Le champ de bataille au sud-ouest de la Cote 77.

allemande des 9-11 juin 1918. Dans la nuit du 10 au 11, les Allemands prirent Antheuil et les deux fermes et poussèrent jusqu'à l'Aronde. Ils chantaient déjà victoire, croyant déborder Compiègne par le nord-ouest et bientôt atteindre Estrées-Saint-Denis, quand la contre-attaque du 11 juin au matin les refoula. Antheuil fut repris et gardé ; les deux fermes furent aussi enlevées, mais les troupes françaises ne purent s'y maintenir.

Le 14, pendant que l'ennemi échouait devant Antheuil, elles recommencèrent à progresser vers les Loges et la ferme Porte.

Tout le reste du mois, ce secteur fut agité ; les Allemands, à plusieurs reprises, cherchèrent à rentrer dans Antheuil, mais furent repoussés à coups de fusil ou à coups de grenades.

Le 9 juillet, une attaque française, par surprise, enleva au point du jour les deux fermes et fit 500 prisonniers à deux divisions allemandes ; le 13, les troupes améliorant leur position s'avancèrent de 500 mètres au nord de la ferme Porte. Le 10 août, toute la région fut libérée par l'avance de l'armée Humbert.

De retour à la voiture, on fait demi-tour, et on prend la première route à gauche pour aller à **Margny-sur-Matz.** (*Voir carte page* 124.)

Le portail et le chœur de l'église sont romans. A l'intérieur du chœur, des chapiteaux attestent le style roman primitif, ceux-ci sont derrière l'autel et cachés par lui.

Une Piéta en pierre, un petit bénitier ovoïde de 1603, ont disparu ; une poutre de gloire représentait Jésus-Christ, la Vierge, saint Jean et deux personnages, ces deux derniers n'existent plus.

Margny-sur-Matz. — Intérieur de l'église.
On voit la poutre de gloire.

Continuer la route. A la sortie de Margny, mauvais passage à niveau de voie de 0 m. 60. Prendre la première route à gauche pour se rendre à **Elincourt-Sainte-Marguerite.**

C'est un village ancien dans les environs duquel on a trouvé plusieurs sépultures d'une période fort reculée. Le pays fut occupé par les Romains ; on a découvert autour du château de Bellinglise des vestiges gallo-romains. Sous Charles le Simple, le village et la chapelle Sainte-Marguerite furent donnés à l'abbaye de Saint-Corneille de Compiègne. A la fin du XIe ou au début du XIIe siècle, le Prieuré de Sainte-Marguerite fut fondé par les Bénédictins et reconstruit au XIIIe siècle. La région souffrit de la guerre de Cent ans ; une tradition locale veut que l'ancien château de Beauvoir, à gauche de la route de Thiescourt, actuellement disparue sous la végétation, ait abrité une nuit Jeanne d'Arc prisonnière ; le fait n'est pas improbable, mais la plaque placée dans l'église avec l'inscription suivante : « Jeanne d'Arc — avant de s'enfermer dans Compiègne en MCCCCXXX — fait un pèlerinage à Sainte-Marguerite — et communie dans l'église d'Elincourt » — n'est pas justifiée par l'histoire. Il est impossible que Jeanne d'Arc soit allée à Elincourt, occupé par les Anglais, puisqu'elle est partie de Crépy pour aller à Compiègne.

L'église est en partie du début du XIIe siècle ; les collatéraux et le clocher sont du XVIIIe siècle. Le portail comporte trois fenêtres accolées, puis, au-dessus de celles-ci, deux autres fenêtres, surmontées d'une moulure à pointes de diamant. A l'intérieur, l'autel, en marbre, est du XVIIIe siècle. Si une statue en marbre de sainte Marguerite a été mise en sûreté pendant la guerre, un saint Jean en marbre, du XVe siècle, a disparu ainsi que deux reliquaires, un de sainte Barbe, l'autre de sainte Marguerite.

L'édifice a été sérieusement endommagé, les voûtes sont pour la plupart détruites. Au chevet, la chute partielle de deux contreforts a mis au jour des colonnettes appareillées du XIIe siècle qui décoraient primitivement le chœur et qui avaient été noyées dans la maçonnerie pendant la construction des contreforts, probablement au XVe siècle.

En laissant l'église à sa gauche, on suit la route jusqu'au premier croisement, on laisse la voiture et l'on gravit le coteau jusqu'au MONASTÈRE DE SAINTE-MARGUERITE, *qui domine toute la vallée du Matz et d'où la vue s'étend des bois de Ressons aux collines du Soissonnais.*

Il ne reste qu'une partie de l'enceinte, un puits profond, des caves qui ont été transformées en abris, et de vieux ifs.

PANORAMA SUR ELINCOURT-SAINTE-MARGUERITE ET LA VALLÉE DU MATZ,
pris du monastère de Sainte-Marguerite.

En revenant, on prend la route de gauche qui rejoint le G. C. 142, *on arrive alors à une bifurcation dont le chemin de droite conduit au* MANOIR DE MARFONTAINE, bâti sur un tertre gallo-romain au nord du parc du Prieuré, au XIIIᵉ siècle, et conservé presque intact. La grande salle a une voûte surbaissée, dont la retombée centrale repose sur un pilier rond ; les clefs de voûte représentent trois poissons entrelacés. Le CHATEAU DE BELLINGLISE, qui se raccorde avec le précédent à angle droit, a été bâti au XVIᵉ siècle.

Le chemin de gauche mène près de la **ferme Saint-Claude** *au carrefour des routes* G. C. 142 *d'Elincourt à Lassigny et* G. C. 82 *de Mareuil à Thiescourt, d'où l'on pourra embrasser le champ de bataille du Matz à l'Oise.* De ce point, on a vue sur Gury au nord, la vallée du Matz et Ressons à l'ouest, Mareuil-la-Motte, Marquéglise et Vignemont au sud, Elincourt, Chevincourt, Mélicocq et Ribécourt au sud-est, les bois de Thiescourt à l'est.

LE CHATEAU
DE
BELLINGLISE.

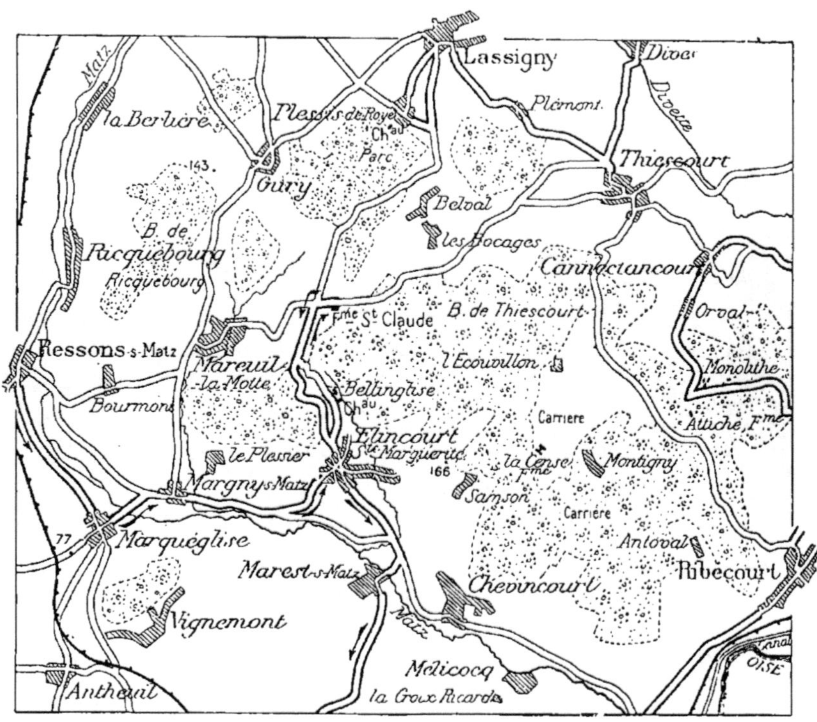

LE MASSIF DE THIESCOURT.

La partie Est du massif et les combats qui s'y déroulèrent, sont décrits en détail dans le Guide illustré : Noyon-Roye-Lassigny.

Pendant la bataille du 30 mars 1918, le poste de commandement du général d'Ambly, commandant la 77e D. I., est à Elincourt et celui du général Guillemin, commandant la 53e D. I., est à Chevincourt. Ces divisions barrent à ce moment la route aux Allemands, du Plessis-de-Roye à l'Oise. Jusqu'au 9 juin, les Allemands n'entreprennent là que des opérations locales. Le 9 juin, ils attaquent en masse, prennent les hauteurs de Gury et le bois de Ricquebourg, Mareuil-la-Motte, pénètrent dans Ressons-sur-Matz qui leur est disputé pied à pied, s'emparent de la ferme Saint-Claude. Celle-ci, située au centre de la bataille, est une position importante ; elle commande le plateau d'où, dès le début de l'attaque, l'ennemi pourra avoir des vues étendues sur une grande partie des arrières français et dont la perte obligera à retirer l'artillerie plus en arrière. L'effort principal des Allemands porte sur cet observatoire, que les troupes françaises, submergées, doivent abandonner. Le 10, les Allemands atteignent le bois de Ressons, le plateau de Bellinglise, prennent pied dans Marquéglise, s'emparent des fermes d'Attiche et du Monolithe, de Ribécourt et d'Antoval. Le 12, à force de tentatives, ils franchissent le Matz, pénètrent dans Mélicocq et enlèvent les hauteurs de la Croix Ricard, mais le 13 juin, un retour offensif des Français les rejette au delà de la rivière ; Mélicocq et la Croix Ricard sont repris avec une centaine de prisonniers et des canons ; en vain, les Allemands réagissent violemment, ils sont contenus.

Le 10 août, l'offensive de l'armée Humbert commence le dégagement de toute cette région. A 4 h. 20 du matin, les 129e, 165e, 6e et 121e, 74e, 123e,

La ferme Saint-Claude.

67e, 38e et 15e D. I. s'élancent de Courcelles à Antheuil et d'Antheuil à l'Oise ; à 7 heures, les premiers objectifs sont atteints ; Ressons, par où passe la ligne de repli de grand combat allemande dite « Gothenstellung », est dépassé ; Marquéglise et le château de Séchelles, Chevincourt et Bourmont sont enlevés. Au château de Séchelles, on prend tout un Etat-Major de régiment ; à Ressons, les chars d'assaut bousculent et écrasent l'ennemi. Le 11, Vignemont, Margny, Plessier, la Cote 179, Mareuil-la-Motte, le château de Bellinglise, Elincourt, sont conquis ; les troupes françaises progressent vers Gury et la ferme Saint-Claude, position capitale de la « Gothenstellung ». Au soir, elles sont aux abords ouest de Gury, au sud de la Berlière et de la Cote 143 et approchent de la ferme Saint-Claude, de la Cote 166, de Samson, de la ferme la Cense, des carrières de Montigny et d'Antoval. Le 12, elles emportent Gury et la ferme Saint-Claude, les dépassent, prennent à l'est l'Ecouvillon. Le 13, elles poussent sur le plateau, pénètrent dans le parc du Plessis, atteignent les lisières est de Belval et s'avancent à 800 mètres au nord-est de Gury. Le 14, elles rentrent dans Ribécourt ; le 15, elles réoccupent les fermes d'Attiche et du Monolithe, les carrières à 2 kilomètres au nord-ouest de Ribécourt ; le 17, les Allemands prononcent de fortes attaques du côté du Monolithe et d'Attiche, sans pouvoir faire plier les Français ; le terrain reconquis est solidement tenu.

De la ferme Saint-Claude revenir à Elincourt où, après être passé près de l'église, on prend la rue de l'Escalier, le G. C. 142, et la route à gauche du Calvaire. Un kilomètre plus loin, à un groupe de maisons, on suit la route de droite, on traverse **Marest-sur-Matz** *et la route passe à côté du* CHATEAU DE RIMBERLIEU, *en face duquel est une tour, reste d'un château-fort. On entre alors dans* **Villers-sur-Coudun** *dont l'église, située à gauche, près de l'extrémité du village, a des parties des* XIIe *et* XIIIe *siècles (fond du chœur), des* XVe *et* XVIe *siècles (façade et voûte), accolées de parties modernes.*

On continue la route et on arrive à **Coudun.**

Le village fut le quartier général du camp d'instruction construit en 1698 pour l'instruction du petit-fils de Louis XIV, le duc de Bourgogne, où le roi accompagné de Jacques II d'Angleterre vint lui-même, en août, assister aux exercices militaires. Placé sous le commandement du maréchal de Boufflers, ce camp, qui s'étendait sur le plateau dominant la rive droite de l'Oise, de Lachelle à Margny et de Baugy au château de Bienville, réunit 50 bataillons d'infanterie et 52 escadrons de cavalerie, plus 40 canons. Il

VILLERS-SUR-COUDUN. — LA GRANDE RUE.

y régna un luxe qui coûta cher aux officiers, la magnificence du maréchal de Boufflers, qui logeait à Coudun, lui coûta, rien que pour sa table, 6.000 livres par jour ; 72 cuisiniers, 340 domestiques étaient à son service.

Si la nef et les collatéraux de l'église Saint-Hilaire sont modernes, la façade, le portail en plein cintre et le chœur sont de l'époque romane, du xie ou du xiie siècle ; le portail est orné d'une archivolte formée de tores chevronnés et contre-chevronnés avec tympan en damier ; le chœur a une corniche soutenue par des arcades romanes avec modillons à figures. A l'intérieur on peut voir un bénitier et un chandelier à sept branches forgés d'une seule pièce, une toile du xviie siècle (le couronnement de la Vierge) placée au-dessus du maître-autel; une cloche de bronze de 761 s'est aussi conservée.

Poursuivre ensuite le G. C. 142 jusqu'à **Bienville**.

Ce village, est à l'ouest d'une longue colline, le Ganelon, orientée sud-est-nord-ouest, dont la face sud-ouest est très découpée. Du sommet (146 m. d'altitude) de cette colline, constitué par un plateau légèrement incliné vers l'Oise, on a une belle vue sur tout le pays environnant, la forêt de Laigue, la vallée de l'Aisne, la forêt de Compiègne, la vallée de l'Oise jusqu'à Verberie et même jusqu'aux collines de Liancourt entre Creil et Clermont. A l'extrémité nord-ouest du Ganelon, on a recueilli beaucoup de médailles romaines, d'objets antiques qui font croire que cet emplacement fut celui d'un camp romain ; la tradition veut qu'au Moyen-Age il y ait eu au même endroit un château-fort.

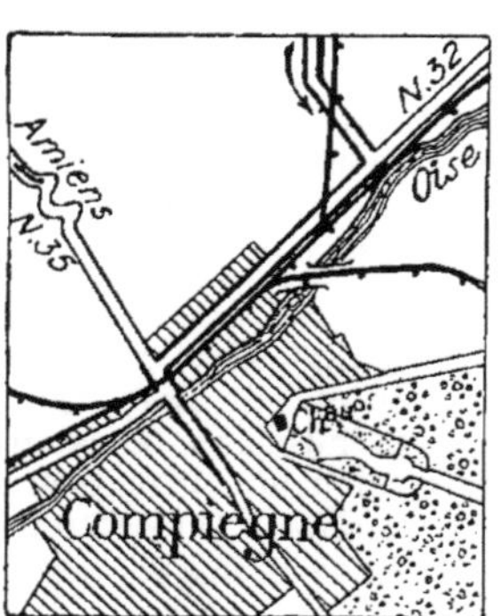

Le G. C. 142 rejoint, après avoir longé et franchi la voie ferrée par un passage à niveau, la N. 32 où l'on tourne à droite. On entre dans **Compiègne** *par l'avenue de Clairoix, la rue de Noyon, à l'extrémité de laquelle on prend à gauche la rue d'Amiens ; on traverse l'Oise et on suit la rue de Solférino qui mène à la place de l'Hôtel de Ville.*

Le G. Q. G. a Compiègne en 1917.
Le rapport du général Pétain dans une salle du chateau.

Visiter Compiègne avec le *Guide illustré* :

COMPIÈGNE avant et pendant la guerre.

Compiègne. — Un incendie a l'angle de la rue des Trois-Barbeaux
et de la place du Marché aux Herbes.
Gravures extraites du Guide : Compiègne avant et pendant la guerre.

INDEX ALPHABÉTIQUE

TANK ALLEMAND CAPTURÉ PRÈS DE VILLERS-BRETONNEUX EN 1918.

LE TOURISME EN FRANCE

OFFICE NATIONAL DU TOURISME

17, Rue de Surène, Paris-VIII

L'Office National du Tourisme, organisme officiel, a été créé par la loi du 6 avril 1910 et réorganisé en 1917.

Il coordonne les efforts des groupements et industries touristiques, les encourage dans l'exécution de leur programme, provoque toutes les initiatives administratives et législatives en vue d'améliorer le tourisme en France, favorise les relations entre les administrations publiques, les Compagnies de transports, les S. I., les Syndicats professionnels.

Il provoque la création de bureaux de renseignements en France et à l'étranger, et organise la propagande en vue de faire connaître à tous les beautés de la France, la valeur curative de ses eaux thermales, de ses stations climatiques et balnéaires.

L'O. N. T. est l'organisme destiné à réaliser l'union sacrée et permanente de toutes les forces du Tourisme.

TOURING-CLUB DE FRANCE

65, Avenue de la Grande-Armée, Paris-XVI

Le Touring-Club de France (fondé en 1890) est aujourd'hui la plus grande association de tourisme. Son but est de faire connaître la France aux Français et aux Etrangers et de chercher à développer le Tourisme sous toutes ses formes.

Tout membre (cotisation annuelle de 6 francs pour les Français et de 10 francs pour les étrangers) reçoit gratuitement une carte d'identité et le service régulier de la revue mensuelle. Il bénéficie des remises consenties dans un grand nombre d'hôtels affiliés, sur les guides et cartes, des annonces dans la revue pour les objets de tourisme, des renseignements, conseils sur toutes questions intéressant le tourisme.

Il a libre passage aux frontières pour sa bicyclette et motocyclette et pour son automobile, par la délivrance d'un « triptyque »

LE MONT DORE — CLERMONT-FERRAND 50

Route large jusqu'aux abords de Murols, étroite ensuite jusqu'au tunnel de la Cassière, très large sur la fin du parcours.

Très sinueuse et assez fortement accidentée, notamment avant et après le Col de Diane (max. 9%).

Extrêmement pittoresque, offrant de beaux panoramas dans la descente du Col.

Sortir du MONT DORE par la route de Clermont-Ferrand (S. 1 du Guide).

GC-13 en montée qui, après avoir décrit un large virage au flanc du promontoire de Queureuilh, s'infléchit à gauche et traverse le ruisseau qui forme la Cascade du Saut du Loup; à la fourche 800 m plus loin, laisser à gauche la route de Clermont et prendre à droite:

GC 14 qui décrit de nombreux lacets sur les pentes du Puy de Mons d'abord, du Puy de la Tache ensuite, la montée continue jusqu'au...

... Col de Diane 8 km 5 (alt. 1.360 m), panorama magnifique. Dans la descente, très rapide qui s'effectue sur le versant Sud du Puy de la Croix Morand et de la Clef du Truc (à droite hameau de Diane), laisser sur la gauche au km 14 la route de Beaune; Brassoulaille 15 km 5; nombreux lacets demandant une certaine attention.

Chambon 18 km 5; large virage à gauche dans la traversée, cimetière à gauche à la sortie. Hameau de Varennes 20 km (attention au cassis); on longe la rive du Lac Chambon que domine à gauche la Dent du Marais, appelée aussi Saut de la Pucelle.

A la première bifurcation rencontrée, laisser à droite la route de Murols qui franchit la Couse et prendre à gauche:

T.S.V.P.